LEÇONS

D'ARCHITECTURE.

SECOND VOLUME.

AVIS AU RELIEUR.

*Il placera après le texte les trente-deux planches qui appartiennent
à ce volume.*

DE L'IMPRIMERIE DE FIRMIN DIDOT,

IMPRIMEUR DU ROI, DE L'INSTITUT ET DE LA MARINE, RUE JACOB, N.° 24.

PRÉCIS

DES LEÇONS

D'ARCHITECTURE

DONNÉES A L'ÉCOLE ROYALE POLYTECHNIQUE.

PAR J. N. L. DURAND,

ARCHITECTE, PROFESSEUR D'ARCHITECTURE, MEMBRE CORRESPONDANT DE L'ACADÉMIE DES BEAUX-ARTS D'ANVERS, MEMBRE HONORAIRE DE L'UNIVERSITÉ IMPÉRIALE DE WILNA, CHEVALIER DE LA LÉGION-D'HONNEUR, ETC.

SECOND VOLUME,

CONTENANT TRENTE-DEUX PLANCHES.

Prix 20 fr., *broché.*

A PARIS,

Chez L'AUTEUR, A L'ÉCOLE ROYALE POLYTECHNIQUE;
— Firmin Didot, Imprimeur du Roi, Libraire, rue Jacob, n° 24;
— Rey et Gravier, Libraires, quai des Augustins, n° 55;
— Treuttel et Wurtz, rue de Bourbon, n° 17;
— Fantin, rue de Seine Saint-Germain, n° 12;
— Carillan Goeury, quai des Augustins, n° 41;
— Roret et Roussel, rue Pavée Saint-André-des-Arts, n° 9;
— Bance, rue Saint-Denis, n° 214.

1825.

DISCOURS

PRÉLIMINAIRE.

Les Ingénieurs étant chargés plus fréquemment que jamais d'élever des édifices importants, on ne saurait trop recommander aux Élèves de l'École Polytechnique l'étude de l'Architecture, et en même temps leur faciliter les moyens de s'y livrer avec succès.

Les Élèves sortent de cette École assez instruits pour apprécier le mérite d'un édifice, et faire tous les dessins nécessaires pour l'exécution ; on trouve même quelquefois dans leurs compositions, toutes rapides qu'elles sont, des idées heureuses, et rarement de ces fautes grossières que l'on remarque trop souvent dans les édifices même très-célèbres : c'est beaucoup, sans doute, pour le peu de temps qu'ils donnent à cette étude ; mais à coup sûr cela ne leur suffit pas pour remplir dignement les fonctions importantes dont ils ne tardent pas à se trouver chargés pour la plupart.

L'Architecture est tout à-la-fois une science et un art : comme science, elle demande des connaissances ; comme art, elle exige des talents : le talent n'est autre chose que l'application juste et facile des connaissances ; et cette justesse et cette facilité ne peuvent s'acquérir que par un exercice soutenu, par des applications multipliées. On peut dans les sciences connaître parfaitement une chose après que l'on s'en est occupé une seule fois, mais dans les arts on ne peut la

A

savoir bien exécuter qu'après l'avoir faite un nombre de fois plus ou moins considérable.

Pour qu'un projet soit bien conçu, il faut qu'il le soit d'un seul jet; ce qui ne peut se faire, si l'on n'est familiarisé de longue main avec toutes les parties qui doivent entrer dans sa composition, sans quoi l'attention partagée sur les détails se détourne de l'ensemble, et l'imagination refroidie ne produit alors que des choses faibles, mauvaises, et souvent même devient incapable de produire quoi que ce soit.

Nous invitons donc encore une fois les Élèves à étudier le plus possible l'Architecture dans les diverses écoles spéciales où ils doivent passer au sortir de l'École Polytechnique; nous les exhortons à ne pas se reposer sur leurs connaissances, ni même sur le commencement de talent qu'ils peuvent avoir, mais au contraire à revenir souvent sur chacun des objets dont ils se sont occupés, afin de se les rendre extrêmement familiers; enfin à les traiter avec méthode, seul moyen de travailler avec fruit.

Or comme, malgré le peu de temps que ces Élèves peuvent consacrer à l'Architecture dans l'École Polytechnique, la marche qu'ils ont suivie paraît leur avoir été avantageuse, nous pouvons espérer qu'elle le leur sera encore, lorsque dans les autres écoles ils auront plus de temps pour se livrer à l'étude de cet art : nous croyons donc devoir commencer le précis de la troisième partie de notre Cours, qui fait l'objet de ce second volume, en leur rappelant la marche que nous avons suivie, ainsi que les principales idées de notre Cours.

Ce Cours est divisé en trois parties.

Dans la première, nous nous sommes occupés des éléments des édifices, qui sont les murs, les portes, les croisées et les arcades, les soutiens engagés et isolés, nommés pilastres,

colonnes, pieds-droits, les planchers, les voûtes, les combles
et les terrasses : nous avons examiné les divers matériaux qui
peuvent entrer dans leur construction, la manière dont ils
doivent être employés; enfin les formes et les proportions
dont chacun de ces éléments est susceptible.

Tous les objets qui peuvent entrer dans la composition
des édifices étant bien connus, nous avons cherché dans la
seconde partie comment on devait les combiner entre eux,
comment on devait les disposer les uns par rapport aux
autres, tant horizontalement que verticalement : familiarisés
avec ces diverses combinaisons, nous les avons employées
à la formation des différentes parties des édifices, telles que
les portiques, les porches, les vestibules, les escaliers, les
salles de diverses espèces, les cours, etc.; enfin, combinant
à leur tour les différentes parties des édifices, nous sommes
parvenus à la composition de leur ensemble en général.

Dans la troisième partie nous nous sommes occupés, d'une
manière plus spéciale, de la composition de chaque genre
d'édifice en particulier; nous avons d'abord jeté un coup
d'œil sur les abords des villes, sur leurs entrées, sur les
rues, les ponts, les places publiques qui établissent une
communication entre leurs différentes parties; ensuite nous
avons passé en revue les principaux édifices publics nécessaires au Gouvernement, à l'instruction, à la subsistance,
au commerce, à la santé, au plaisir, à la sûreté, etc.; enfin
nous avons porté notre attention sur ceux destinés à l'habitation, tels que les maisons particulières à la ville, les
maisons à loyer, les maisons de campagne, les fermes, les
hôtelleries, etc.

Cette marche, comme on le voit, n'est autre que celle que
l'on suit dans toutes les sciences et dans tous les arts; elle
consiste de même à aller du simple au composé, du connu

à l'inconnu : une idée prépare toujours la suivante, et celle-ci rappelle toujours celle qui la précède. Nous ne croyons pas qu'en étudiant l'Architecture on puisse en suivre une autre, à plus forte raison que l'on n'en doive suivre aucune, ainsi que le font beaucoup d'architectes, qui disent que les règles, les méthodes, sont autant d'entraves pour le génie. Loin de partager une telle opinion, nous pensons au contraire qu'elles en facilitent le développement et en assurent la marche : au reste la raison peut se passer du génie, tandis que celui-ci ne saurait faire que de faux pas, s'il n'est conduit et éclairé par la raison.

Quelque avantageuse que cette méthode nous paraisse pour la rapidité de l'étude, nous l'aurions crue insuffisante pour son succès, si nous n'eussions fait précéder la suite d'observations particulières qu'elle nous offre, d'observations plus générales ; si, avant de nous occuper des éléments des édifices, de la composition de leurs parties et de leur ensemble, en un mot de l'Architecture, nous n'avions pas su ce que c'est que l'Architecture, pourquoi nous en faisons, et comment en général nous devons la faire.

Il nous a donc paru indispensable de fixer d'abord notre attention sur la nature de cet art, sur le but qu'il se propose, sur les moyens qu'il doit employer; enfin, de déduire de ces observations des principes généraux sur lesquels pussent reposer solidement tous les principes particuliers.

En examinant ces différents objets, nous avons remarqué que l'Architecture était l'art dont les productions exigeaient le plus de peine ou de dépense, et que cependant c'était celui qui de tout temps avait été de l'usage le plus général ;

Que les hommes étaient naturellement aussi ennemis de toute espèce de peine qu'avides de bien-être ; qu'il fallait par conséquent que l'Architecture leur eût offert de bien grands

avantages pour les déterminer à s'en occuper d'une manière
aussi générale et aussi constante;

Qu'en effet elle est de tous les arts celui qui nous procure
les avantages les plus immédiats, les plus importants et les
plus nombreux : qu'à l'Architecture l'espèce humaine doit sa
conservation, la société son existence, tous les autres arts
leur naissance et leurs développements; qu'à elle par conséquent l'homme doit la somme de bonheur et de gloire dont
la nature lui a permis de jouir;

Qu'au lieu de ces avantages inappréciables, si l'Architecture n'eût offert aux hommes que l'avantage frivole de ré-
créer leurs yeux, elle eût bientôt été forcée de céder la place
à la peinture et à la sculpture, arts dont les productions
faites pour parler non-seulement aux yeux, mais encore à
l'ame, sont incomparablement plus faciles à acquérir;

Que, par conséquent, l'Architecture ne peut avoir pour
but l'agrément, mais bien l'utilité;

Que quand même plaire serait le but de l'Architecture,
l'imitation, moyen qu'on lui fait emprunter des autres arts,
serait incapable de le lui faire atteindre; car, pour que le
plaisir résulte de l'imitation, il faut que le modèle qu'on se
propose d'imiter soit un objet pris dans la nature, hors de
laquelle nous ne connaissons rien, hors de laquelle rien
par conséquent ne peut nous intéresser; il faut en outre
que l'imitation de ce modèle soit parfaite : or, des deux
modèles que l'on offre à l'Architecture, l'un (la cabane)
n'étant rien moins qu'un objet naturel, ne pouvant pas
même être considéré comme un objet d'art, ne doit pas
conséquemment être imité dans ses formes; l'autre (le
corps humain) n'ayant aucune analogie de formes avec
un corps architectural, ne peut être imité dans ses proportions.

Que quand même il y aurait quelque analogie entre les deux espèces de corps, toujours serait-il souverainement ridicule, en voulant plaire par l'imitation, de choisir une imitation analogique, c'est-à-dire éloignée, telle que les architectes prétendent le faire, au lieu d'une imitation positive et prochaine, telle que les peintres et les sculpteurs le font.

Continuant nos observations, nous avons vu que, pour que le moyen employé par un art quelconque fût efficace, il fallait qu'il fût relatif à la nature de cet art et à notre organisation : que l'Architecture est un art essentiel à notre existence et à notre bonheur; mais qu'il nous vend chèrement les avantages qu'il nous procure : que nous sommes amis du bien-être et ennemis de toute espèce de peine; que conséquemment, en élevant des édifices, nous devons naturellement le faire de manière à nous procurer le plus d'avantages possible avec le moins de peine et de dépense possible; qu'il fallait pour cela que les édifices que nous élevons fussent disposés de la manière la plus convenable et la plus économique possible;

Qu'ainsi la convenance et l'économie étaient les moyens propres à l'Architecture, et non l'imitation;

Que pour qu'un édifice fût parfaitement convenable, il fallait qu'il fût solide, salubre et commode;

Que pour qu'il fût le moins dispendieux possible, il fallait qu'il fût le plus symétrique, le plus régulier, le plus simple possible;

Que lorsqu'un édifice a tout ce qu'il faut, rien que ce qu'il doit avoir, et que tout ce qui lui est nécessaire se trouve disposé de la manière la plus économique, c'est-à-dire la plus simple, cet édifice a le genre et le degré de beautés qui lui conviennent; que vouloir y ajouter autre chose que des ornements de peinture ou de sculpture, c'est affaiblir et quelquefois même anéantir son style, son caractère, en un mot toutes les beautés qu'on cherche à lui donner;

Qu'ainsi, sous quelque rapport que l'on envisage l'Architecture, on ne doit point chercher à plaire au moyen d'une prétendue décoration architectonique, uniquement fondée sur l'emploi de certaines formes et de certaines proportions, qui, n'étant fondées elles-mêmes que sur une imitation chimérique, sont incapables de causer le moindre plaisir;

Que la disposition est dans tous les cas la seule chose dont doive s'occuper l'architecte, puisque cette disposition est aussi convenable et aussi économique qu'elle peut l'être; il en naîtra naturellement une autre espèce de décoration architectonique véritablement faite pour nous plaire, puisqu'elle nous présentera l'image fidèle de nos besoins satisfaits, satisfaction à laquelle la nature a attaché nos plaisirs les plus vrais.

A chaque pas que nous avons fait ensuite dans l'étude de l'Architecture, nous avons eu occasion de nous convaincre de la vérité et de l'importance de ces observations.

En examinant les différents matériaux et la manière de les employer, nous avons vu qu'ils différaient les uns des autres, soit par la dimension, soit par la forme, soit par la couleur; et qu'étant employés convenablement, ils devaient naturellement contribuer à donner aux édifices, ainsi qu'aux différentes parties de chaque édifice, l'effet, la variété, le caractère, qui leur conviennent;

Que, parmi ces matériaux, les uns étaient durs, difficiles à travailler, par conséquent fort chers; et les autres tendres, d'un travail facile, et par conséquent à meilleur marché : qu'il était naturel d'employer les premiers à la construction des édifices publics les plus importants, édifices dans les-

quels les convenances doivent être parfaitement remplies,
à tel prix que ce puisse être ; qu'il l'était de même de faire
usage des seconds dans les édifices particuliers de la dernière
classe, où l'on est toujours borné par la dépense, et dans
lesquels on doit se contenter de remplir les convenances le
mieux possible, d'après la dépense fixée : qu'entre ces deux
genres d'édifices il y en avait une foule d'autres, dans lesquels il était naturel de faire usage des deux genres de
matériaux à-la-fois.

Que toutes les parties d'un édifice ne fatiguaient pas également : qu'on pouvait par conséquent se contenter d'employer
les matériaux durs dans celles qui en composent l'ossature,
telles que les angles des édifices, les pieds-droits des portes,
des croisées et des arcades, les chaînes perpendiculaires qui
reçoivent la retombée des voûtes ou la portée des poutres,
les chaînes que l'on doit placer à la rencontre des murs de
refend et des murs de face, les divers soutiens isolés, enfin
les chaînes horizontales qui, en reliant toutes les parties
entre elles, en assurent la solidité ; et faire en matériaux
tendres toutes les parties qui ne sont que de remplissage :
que de cette disposition de matériaux naissent une foule de
décorations architectoniques différentes, toutes capables de
satisfaire également et les yeux et l'esprit ;

Qu'il était par conséquent aussi ridicule qu'infructueux de
chercher à décorer les édifices par des moyens chimériques
et dispendieux, tandis que la nature et le bon sens nous
en offrent de si sûrs et de si simples, même dans la seule
construction.

De l'examen des matériaux et de la manière de les employer, passant aux formes et aux proportions des divers
éléments des édifices, nous avons reconnu que, si l'imitation
de la cabane et du corps humain ne pouvait nous offrir rien

de satisfaisant sous aucun rapport, l'usage de ces divers éléments et la nature des matériaux qui peuvent être employés dans leur construction, nous indiquaient suffisamment les principes que nous devons observer à cet égard.

Nous avons vu qu'un soutien engagé devait être carré dans son plan, afin de se relier le mieux possible avec les parties de remplissage qui l'avoisinent; qu'un soutien isolé devait être en général cylindrique, forme la plus propre à faciliter la circulation; que les soutiens isolés devaient être élevés au-dessus du sol pour la salubrité; qu'ils devaient être reliés dans la partie supérieure par une architrave; qu'ils devaient l'être pareillement avec le mur par une seconde architrave, que l'on nomme improprement *frise;* que ces deux architraves, ainsi que l'espace vide qui reste entre elles, devaient être recouvertes par une corniche dont la saillie fût propre à rejeter les eaux loin du pied de l'édifice; que les colonnes devaient s'élargir dans la partie supérieure, au moyen d'un chapiteau, pour assurer la solidité de l'architrave en en diminuant la portée, etc.;

Que dans les édifices les plus simples, construits avec des matériaux peu résistants, les soutiens quelconques devaient être courts, afin de conserver une solidité suffisante; que dans les édifices les plus importants, construits avec des matériaux plus durs, ils pouvaient être d'une proportion plus élégante; qu'entre les deux extrêmes on pouvait intercaler autant de moyens proportionnels qu'il y a d'édifices entre le premier et le dernier;

Que, dans le premier genre d'édifices, l'économie prescrivait d'écarter les soutiens le plus possible pour en diminuer le nombre dans un espace donné; que, dans le second, la convenance exigeait qu'ils fussent rapprochés le plus possible, pour assurer et prolonger la durée de l'édifice;

B

Que, dans le premier cas, les architraves qui relient les soutiens, pour n'être pas sujettes à se rompre, doivent avoir plus de hauteur que dans celui où les soutiens sont plus rapprochés; que les secondes architraves ou les frises doivent avoir, dans tous les cas, une hauteur égale à celle de l'architrave proprement dite, puisque toutes deux remplissent des fonctions semblables; que la corniche doit être plus ou moins forte, selon que l'édifice a plus ou moins de hauteur; enfin, que la saillie et la hauteur de la corniche doivent être égales, parce que, moins haute que saillante, elle manquerait de solidité, et qu'ayant moins de saillie que de hauteur, elle ne remplirait pas son objet.

Ayant ainsi reconnu les formes et les proportions essentielles de l'Architecture que dans tous les temps on a dû naturellement employer, nous avons examiné celles des édifices antiques adoptées généralement en Europe, et dont l'habitude nous a fait en quelque sorte un besoin; nous avons remarqué que les formes et les proportions variaient sans cesse dans ces édifices; que les colonnes d'un même ordre n'avaient jamais la même proportion, et que les colonnes d'ordre différent avaient souvent une proportion semblable; qu'il y avait des colonnes que nous appelons d'*ordre dorique,* telles que celles du temple de Coré, dont la proportion était plus haute que celles de certaines autres colonnes nommées par nous *corinthiennes,* telles que celles de la Tour des Vents à Athènes, du Colisée à Rome, etc. (Voyez les planches 64 et 68 du Parallèle des édifices); qu'il y avait des colonnes ioniques d'une proportion égale à celle des dernières, et par conséquent moins haute que celles des colonnes du temple de Coré, telles que celles d'un temple situé sur les bords de l'Ilissus, etc. (Voyez la planche 64 du Parallèle.) Nous en avons conclu avec un célèbre professeur,

M. Leroy, que les Grecs ne reconnaissaient pas ces ordres distincts dans lesquels les modernes font consister l'essence de l'Architecture et le principe de toute beauté en décoration; que ces peuples ne voyaient, dans ce que nous appelons *les ordres*, que des soutiens et des parties soutenues, objets utiles qu'ils proportionnaient, non d'après l'imitation de quoi que ce soit, mais d'après les principes éternels de la convenance;

Qu'ainsi l'étude des édifices élevés par ces Grecs si éclairés en Architecture ne pouvait nous être qu'extrêmement avantageuse; qu'elle pouvait suppléer à l'expérience d'une foule de siècles, qui nous manque, fixer enfin les idées peut-être trop vagues que la seule considération de la nature des choses nous donnerait relativement aux formes et aux proportions des éléments des édifices.

C'est en effet par la comparaison que nous avons faite de tous les édifices antiques, que nous avons découvert les limites que l'on ne doit pas outre-passer dans les proportions des soutiens et des parties soutenues; que nous avons reconnu que le soutien le plus court ne devait pas avoir en hauteur moins de six diamètres, et que le plus élevé n'en devait pas avoir plus de dix; que la hauteur de l'entablement le plus fort ne devait pas être de plus du tiers de la colonne, et celle du plus bas moins du cinquième; que l'entre-colonnement le plus large ne pouvait pas avoir plus de trois diamètres et demi, et le plus étroit moins d'un diamètre et demi, systèmes entre lesquels on peut en placer autant d'autres qu'on le jugera nécessaire, et qui tous offriront des rapports aussi exacts qu'il est possible entre les parties qui soutiennent et les parties soutenues.

Des formes et des proportions générales des édifices antiques, passant à celles de détail, nous avons remarqué dans la plupart de celles-ci beaucoup moins de sagesse que dans les premières; nous n'en avons pas moins été persuadés cependant que l'étude et la comparaison des différents détails antiques nous seraient encore avantageuses, puisqu'elles nous feraient connaître ceux de ces détails que l'on doit adopter, rejeter ou simplement tolérer; qu'il s'agissait seulement pour cela d'étudier l'antique avec les yeux de la raison, au lieu, comme on ne le fait que trop souvent, d'étouffer celle-ci par l'autorité de l'antique;

Qu'au reste, le préservatif contre l'admiration aveugle et l'imitation servile de quelques détails antiques que la raison réprouve, se trouvait dans l'antique lui-même, puisqu'à chaque pas il nous offre des détails de même nature traités d'une manière diamétralement opposée; qu'il n'y avait par conséquent rien de si facile que d'accorder la raison avec l'habitude que nous avons contractée d'admirer et d'employer des détails antiques;

Qu'en effet, si l'exemple de quelques édifices antiques a pu nous engager à donner des bases aux colonnes, malgré l'inutilité, l'incommodité et la dépense de ces mêmes bases, non-seulement une foule d'exemples de colonnes doriques, mais quelques-uns même de colonnes corinthiennes, autorisent la raison à les proscrire;

Que si la délicatesse et la beauté du travail de quelques chapiteaux ioniques a pu nous en faire adopter la forme, malgré son inconvenance et sa bizarrerie, la convenance parfaite du chapiteau dorique grec, l'usage presque général que l'on en a fait dans la Grèce, plusieurs exemples de son emploi sur des colonnes de proportion ionique, nous autoriseront de reste à rejeter pour toujours une forme de chapiteau aussi ridicule que celle du chapiteau ionique;

Que si la grace de la forme générale, l'élégance de la proportion du chapiteau corinthien, nous a, en quelque sorte,

forcés de le copier avec son tailloir frêle et chantourné, et
ses volutes en forme de coupeaux, l'exemple des chapiteaux
corinthiens du tombeau de Mylassa et de la Tour des Vents,
où les tailloirs sont carrés et où l'on ne remarque pas de
volutes, les exemples plus nombreux encore de ces superbes
chapiteaux égyptiens, composés dans le même système, sont
des autorités bien capables de nous rassurer, lorsque nous
voudrons ôter au chapiteau corinthien ce qu'il a d'insignifiant
et d'inutile, et que nous voudrons lui rendre ce qui lui manque
pour remplir parfaitement sa destination ;

Que si les triglyphes, qui ne servent à rien, qui ne ressem-
blent à rien, ou du moins à rien de raisonnable, se rencontrent presque toujours dans les édifices doriques, grecs ou
romains, les édifices de ce genre offrent cependant plusieurs
exemples où les triglyphes sont supprimés, tels que la Chapelle d'Agraule à Athènes, les Bains de Paul-Émile, et le
Colisée à Rome, l'Amphithéâtre de Nîmes; que, de plus, les
Grecs n'ayant point connu de distinction d'ordre et n'ayant
point mis de triglyphes dans les frises ioniques et corinthiennes, où cependant ils auraient été aussi nécessaires
s'ils l'avaient été dans la frise de l'ordre dorique, nous
sommes fondés à les faire disparaître à jamais, sans blesser
nos habitudes ni le respect que l'antique a droit de nous
inspirer.

Ayant ainsi distingué parmi les détails antiques ceux
qu'on doit adopter de ceux qu'on doit rejeter, nous avons
jeté un coup d'œil sur ceux que l'on peut tolérer, c'est-à-
dire sur les moulures et sur leurs combinaisons. Nous avons
remarqué que les moulures, ne servant à rien, ne ressemblant à rien, ne méritaient notre attention qu'à raison de
l'habitude que nous avons d'en faire usage; que d'après cela
nous devrions les employer avec une extrême sobriété; que

leur assemblage ne pouvant nous causer aucun plaisir réel, nous devions nous borner à tâcher qu'il ne nous déplût pas; qu'il fallait, pour cela, qu'à l'exemple des Grecs dans leurs ordres doriques et ioniques, et à l'exemple des Romains dans leurs ordres corinthiens, ces assemblages de moulures appelés *profils* eussent des mouvements bien prononcés; que les moulures droites fussent mariées avec intelligence avec les moulures courbes; enfin, que des moulures fines offrissent une opposition sensible avec des moulures fortes.

De tout ce que nous avons observé sur les formes et les proportions, nous avons conclu que, quelque raisonnables que fussent celles qui émanent de la nature des choses, il ne fallait cependant pas attendre un grand plaisir de leur emploi : car, pour que ce plaisir fût très-sensible, il faudrait que les unes et les autres se manifestassent de la manière la plus évidente; que l'œil pût saisir leurs rapports avec la plus grande exactitude, ce qui ne pourrait être qu'autant qu'elles se présenteraient toutes dans un même plan vertical, et ce qui ne se rencontre jamais, ni ne peut jamais se rencontrer; que ce que nous disions des formes essentielles, à plus forte raison devions-nous le dire de celles qui ne puisent leur mérite que dans notre habitude de les considérer, mérite qui n'en serait rien moins qu'un pour les peuples de l'Asie et de l'Afrique; qu'ainsi, en employant ces dernières, nous devions moins chercher à satisfaire l'œil qu'à ne le pas choquer, et qu'en employant les autres, nous ne devions avoir en vue que la convenance et l'économie qu'elles peuvent apporter dans les édifices; qu'enfin nous devons nous persuader que, de quelque manière que nous envisagions l'Architecture, ses beautés proviennent moins de la forme et de la proportion des objets dont elle fait usage que de leur disposition.

Passant des éléments des édifices à leur combinaison,
nous avons vu que dans un édifice quelconque les colonnes
doivent toujours être espacées également, afin de soutenir
une égale portion du fardeau ; qu'elles doivent être éloignées
du mur au moins d'un entre-colonne, sans quoi elles ne
serviraient à rien ; que cette combinaison de murs et de
colonnes, bonne pour des édifices peu considérables, dans
lesquels on emploie les soutiens les plus courts et les plus
espacés, ne conviendrait pas à des édifices d'une très-grande
importance dans lesquels on emploierait des soutiens plus
élevés et plus rapprochés, les portiques qui en résulteraient
devenant trop étroits pour leur usage et pour leur hauteur ;
que, pour rendre ces portiques convenables, il fallait, au
lieu d'un entre-axe entre l'axe du mur et celui des colonnes,
en mettre deux, quelquefois trois ;

Que la nature de la construction de la partie supérieure
des portiques donnait encore naissance à d'autres combinaisons ; que, si un portique de plusieurs entre-axes de largeur,
au lieu d'être plafonné, était voûté, un seul rang de colonnes
ne suffisant pas pour résister à la poussée de la voûte, il
fallait en mettre un second sur l'axe suivant ; que, si cette
voûte, au lieu d'être cylindrique, était en plate-bande, il
fallait placer des colonnes sur toutes les intersections des
axes ;

Que les pilastres n'étant que des soutiens engagés, des
chaînes de pierre qui entrent dans la composition de l'ossature des édifices, leur place était fixée aux angles de ces
édifices, aux endroits où les murs de refend se réunissent
aux murs de face, et à la tête des murs latéraux des porches,
ainsi que nous l'avons vu en nous occupant de l'emploi des
matériaux ; que les murs étant toujours beaucoup plus éloignés les uns des autres dans un édifice que les colonnes ou

soutiens isolés qui s'y rencontrent, l'intervalle qui sépare deux pilastres ne doit pas être moindre que trois entre-axes;

Que les murs de face étant destinés à clore les édifices, et que la ligne droite étant la plus courte, ces murs devaient aller directement d'un angle à l'autre d'un édifice, ou de chacune de ses parties sans ressaut, sans avant-corps; que les murs de refend étant destinés non-seulement à diviser les édifices, mais encore à relier entre eux les murs de face, doivent s'étendre dans toute la longueur ou la largeur des édifices; et que, lorsqu'on est obligé de les interrompre, on doit du moins opérer cette réunion dans la partie supérieure, soit par des arcs, soit par des poutres; que, par la même raison, s'il y a des colonnes à l'extérieur de l'édifice, il faut que ces murs correspondent à l'une d'entre elles;

Que les portes et les croisées, pour donner un libre passage à l'air et à la lumière, doivent se correspondre sur de nouveaux axes placés entre ceux des murs ou des colonnes.

Nous avons vu ensuite que toutes les combinaisons verticales possibles naissaient de ce petit nombre de combinaisons horizontales, et que de la réunion de ces deux espèces de combinaisons résultait tout naturellement une foule de décorations architectoniques différentes, et toutes également satisfaisantes, comme étant le résultat exact de la disposition et de la construction.

Qu'ainsi, lorsque l'on voulait exprimer graphiquement sa pensée en architecture, il fallait commencer par faire le plan qui représente la disposition horizontale des objets qui doivent entrer dans la composition d'un édifice ou d'une partie d'édifice, ensuite la coupe qui exprime leur disposition verticale, et finir par l'élévation; que de commencer par cette dernière, comme le font quelques architectes, et d'y assujettir ensuite la coupe et le plan, ce serait faire dépendre

la cause de l'effet, idée dont il n'est pas besoin de démontrer
l'extravagance ;

Qu'après avoir fixé rapidement, au moyen d'un croquis,
une idée toujours fugitive, il fallait, pour rendre cette idée
avec toute la facilité et la netteté possibles dans un dessin,
établir des axes dont la direction et l'intersection détermi-
nassent la place des murs, des colonnes, etc.; que la position
de ces objets étant fixée dans le plan, il fallait déterminer
leur hauteur dans la coupe, et d'après cette hauteur fixer la
largeur ou l'épaisseur qu'ils doivent avoir dans le plan, les
petites dimensions devant toujours être assujéties aux grandes ;
enfin, que le plan et la coupe étant bien arrêtés, l'élévation
n'était plus qu'une projection ;

Qu'en s'y prenant de cette manière, on ne courrait pas le
risque de retomber dans ces combinaisons dispendieuses,
inutiles, bizarres, inspirées par les préjugés de décoration ;
combinaisons que l'on remarque si souvent dans la plupart
de nos édifices français, et dont l'effet est aussi faible, aussi
monotone, aussi désagréable, que celui qui résulte des
combinaisons simples et naturelles dont les anciens, dont
Palladio, ont fait usage, est grand, varié, et satisfaisant.

Bien familiarisés avec les diverses combinaisons tant horizontales que verticales des éléments des édifices, et avec la
manière de les représenter graphiquement, bien pénétrés des
principes généraux de l'Architecture, nous n'avons éprouvé
aucune peine à former, au moyen de ces combinaisons, les
différentes parties des édifices.

En nous en occupant, nous avons reconnu que les colonnes
ne devaient entrer dans leur composition que pour diminuer
la portée trop considérable des planchers, ou le diamètre, et
par conséquent la hauteur trop considérable des voûtes ; que,
dans l'intérieur des édifices, des colonnes qui ne servent à

C

rien ne font pas un effet plus satisfaisant, même pour l'œil, que des colonnes employées inutilement à l'extérieur;

Que, lorsque les voûtes portent sur des colonnes, il était quelquefois convenable et toujours économique de substituer les voûtes d'arrête aux voûtes en berceau, celles-ci exigeant des colonnes dans toute leur longueur, les autres n'en exigeant qu'à leurs angles; les premières ne pouvant guère permettre d'éclairer les pièces que par les extrémités, les secondes offrant la facilité de les éclairer également par les bouts et par les parties latérales;

Que, lorsqu'il est nécessaire d'augmenter l'aire d'une salle sans augmenter ses dimensions, on peut, on doit même employer deux rangs de colonnes l'un sur l'autre, malgré les préjugés de décoration qui voudraient s'opposer à cet arrangement;

Que si, dans le cas où la convenance exige deux rangs de colonnes à l'extérieur, il est ridicule de les séparer par un entablement complet, la corniche n'étant faite que pour rejeter les eaux du toit, il l'est encore davantage de le faire dans un intérieur dont toutes les parties sont à couvert; que les corniches ne peuvent conséquemment y être admises, si ce n'est lorsque, diminuant la portée d'un plafond, elles font en quelque sorte l'office de chapiteau.

De la composition des diverses parties des édifices, passant à celle de leur ensemble, nous avons vu que les murs, les colonnes, les portes, les croisées, etc., devant être placés sur des axes communs, tant dans la largeur que dans la profondeur d'un édifice, il s'ensuivrait que les pièces composées de ces divers éléments devraient avoir de même des axes communs;

Que l'axe des différentes pièces ne devait jamais être le même que celui des colonnes, mais qu'il devait toujours se confondre avec l'axe des portes ou des croisées;

Que ces nouveaux axes, que l'on peut appeler *axes principaux*, pouvaient se combiner entre eux de mille manières, toutes différentes, quoique toutes également simples; que l'on pouvait appliquer à chacune de nombreuses dispositions générales résultantes de ces combinaisons, toutes les combinaisons élémentaires, et par conséquent obtenir, par cette espèce de sur-combinaison, une foule de plans particuliers différents; qu'enfin, adaptant à chacun de ces plans toutes les combinaisons verticales possibles, il en résulterait nécessairement un nombre de compositions architectoniques incalculable.

Nous avons terminé ce que nous avions à dire sur la composition en général, en observant qu'il y a une quantité presque infinie d'espèces d'édifices; que chacune est susceptible d'une infinité de modifications; que les convenances particulières d'un même édifice variaient suivant les lieux, les temps, les personnes, les terrains, la dépense, etc.; que vouloir apprendre l'Architecture en étudiant successivement toutes les espèces d'édifices dans toutes les circonstances qui peuvent les modifier, c'est une chose impossible; que, quand même la durée de la vie permettrait de le faire, cette manière d'étudier serait toujours aussi infructueuse que pénible, puisque tous les édifices différant les uns des autres par leur usage, plus les idées particulières que l'on aurait acquises en faisant le projet de l'un seraient justes, moins elles seraient applicables à celui d'un autre, et que par conséquent à chaque projet nouveau ce serait une nouvelle étude à recommencer; que non-seulement cette manière d'étudier l'Architecture est infructueuse et pénible, mais qu'elle est même nuisible, sous quelque rapport que l'on envisage cet art, parce qu'après avoir étudié quelques projets, la paresse ou l'amour-propre fait contracter immanquablement l'habi-

tude de certaines liaisons d'idées qui se reproduiraient ensuite
dans tous les autres projets que l'on pourrait faire, même
dans ceux auxquels elles conviendraient le moins, ce dont
on ne voit que trop d'exemples;

Qu'au lieu de s'occuper uniquement à faire des projets, si
l'on s'occupait d'abord des principes de l'art, si l'on se fami-
liarisait bien ensuite avec le mécanisme de la composition,
on pourrait faire avec facilité, et même avec succès, le projet
de tel édifice que ce puisse être, sans avoir fait préalable-
ment celui d'aucun autre; qu'il ne s'agissait alors que de
s'informer des convenances particulières de l'édifice dont on
se trouvait chargé, puisque l'on avait par-devers soi tous les
moyens possibles de les bien remplir;

Qu'ainsi l'étude des principes et du mécanisme de la composition était aussi propre à développer le génie, à enrichir
l'imagination, que l'étude successive de quelques projets,
lorsqu'elle n'était point précédée de celle-ci, était propre à
resserrer l'un et à appauvrir l'autre.

Aussi dans la troisième partie de ce Cours, dont nous
allons donner le précis, nous sommes-nous moins attachés,
dans l'examen des divers genres d'édifices, à faire connaître
les convenances particulières de chacun, qu'à développer les
principes généraux applicables à tous les genres, à toutes les
espèces d'édifices, et à familiariser de plus en plus les élèves
avec le mécanisme de la composition.

TROISIÈME PARTIE.
EXAMEN
DES PRINCIPAUX GENRES D'ÉDIFICES.

PREMIÈRE SECTION.
DES PRINCIPALES PARTIES DES VILLES.

De même que les murs, les colonnes, etc., sont les éléments dont se composent les édifices, de même les édifices sont les éléments dont se composent les villes.

Comme la disposition générale des villes peut varier en raison de mille circonstances différentes, comme l'on a rarement occasion de bâtir des villes entières; que d'ailleurs les principes que l'on doit suivre dans leur composition sont les mêmes que ceux qui doivent guider dans la composition de chaque édifice, nous ne dirons rien de l'ensemble des villes. Nous nous bornerons, avant d'examiner les divers édifices qui forment cet ensemble, à jeter un coup d'œil sur leurs abords, leurs entrées, et les parties qui servent à la communication de toutes les autres.

DES ABORDS DES VILLES.

Comment faudrait-il décorer les avenues des villes?
On pourrait faire cette question aux élèves pour les

éprouver; la réponse serait bien simple : si les villes étaient
disposées convenablement, si les édifices qui ne doivent
point être renfermés dans leur enceinte, tels que les hôpitaux, les sépultures, etc., étaient relégués hors de leurs
murailles, ces édifices, aperçus à travers une ou deux rangées d'arbres plantés de chaque côté des routes pour défendre
les voyageurs contre l'ardeur du soleil, soit qu'ils se dessi-
nassent sur le ciel, soit qu'ils le fissent sur des bois ou sur
des montagnes, offriraient tout naturellement les tableaux
les plus variés, les plus magnifiques, les plus intéressants.
La meilleure manière de décorer les abords des villes, ainsi
que tous les édifices possibles, est donc de ne point s'occuper
de leur décoration, et de n'avoir en vue que la convenance
de leur disposition.

C'est en effet à ce système qu'Athènes, Rome, Palmyre,
Sicyone, Pouzzole, Taorminum, etc., étaient redevables de
la magnificence de leurs abords; c'était de cette multitude
de monuments intéressants, répandus parmi des arbres, que
le Céramique et la voie Appienne empruntaient toute leur
noblesse et tous leurs charmes; c'est d'une semblable disposition que naissent les sensations délicieuses que l'on éprouve
encore dans ces lieux du royaume de Naples, appelés *Champs
Élysées*, et qui sont situés sur les bords du lac Achéron.

Il ne serait rien moins que nécessaire pour la beauté
d'une route que les monuments funéraires répandus sur ses
bords fussent aussi colossaux que les pyramides d'Égypte,
ni aussi pompeux que les tombeaux d'Adrien, d'Auguste, et
de Septime-Sévère. On ne peut à la vérité se défendre d'un
sentiment d'admiration à l'aspect de ces étonnantes productions de la patience et de l'industrie humaine; mais lorsqu'on vient à réfléchir sur l'insignifiance de ces monuments,
sur leur inutilité, sur le nombre d'édifices utiles que l'on

aurait pu construire avec ce qu'ils ont dû coûter, sur le degré de magnificence que des édifices plus nombreux auraient infailliblement procuré à l'ensemble des villes, on n'éprouve plus que le regret de voir les facultés de l'homme si souvent mal employées.

Les monuments de même genre élevés par les Grecs étaient loin d'être aussi considérables et aussi magnifiques que ceux dont nous venons de parler. Le tombeau de Thémistocle, élevé sur un promontoire voisin du Pyrée, n'était formé que d'une simple pierre; celui d'Épaminondas, dans la plaine de Mantinée, ne consistait que dans une seule colonne à laquelle était suspendu son bouclier. Les monuments élevés aux Thermopyles par les Amphictyons, en l'honneur des trois cents Spartiates et de différentes troupes grecques, n'étaient autre chose que des cippes, dont des inscriptions, telles que celles-ci, faisaient tout l'ornement : « C'est ici « que quatre mille Grecs du Péloponèse ont combattu « contre deux millions de Perses. — Passant, va dire à Sparte « que nous sommes morts ici pour obéir à ses saintes lois. » On sent que, malgré leur extrême simplicité, ou, pour mieux dire, à cause de leur simplicité même, ces derniers monuments devaient faire éprouver des sensations aussi délicieuses que celles que les autres font éprouver sont pénibles.

Parmi les tombeaux qui borderaient les routes, les uns seraient pour des particuliers, les autres pour des familles; ceux-ci pourraient avoir la forme d'une tour carrée comme les tombeaux palmyréens, celle d'une rotonde comme celui de Plautia et de Métella, celle d'une pyramide comme le tombeau de Cestius : toutes les formes sont indifférentes dans ce genre de monument, excepté celles qui ne seraient pas simples. Pour avoir une idée de la variété des formes dont

 les tombeaux sont susceptibles, *voyez* la planche 1re de cet
ouvrage, et les planches 19, 20 et 74 du Parallèle des édifices.

DES ENTRÉES DES VILLES.

Comment faudrait-il décorer les entrées des villes ? Pour
faire passer à la postérité le souvenir de leurs victoires, les
Romains élevèrent des arcs de triomphe. Leur exemple a été
suivi par la plupart des nations de l'Europe. Si, au lieu de
placer ces monuments dans l'intérieur des villes, on les pla-
çait à leur entrée où ils seraient plus en vue que partout
ailleurs, sans dépenser quoi que ce soit, ces entrées se trou-
veraient naturellement décorées de la manière la plus impo-
sante et la plus noble.

Un arc de triomphe peut n'avoir qu'une seule ouverture,
comme ceux d'Adrien à Athènes; d'Auguste à Rimini, à Suse
et à Pola; d'Aurélien, de Gallien et de Titus à Rome; de
Trajan à Ancône et à Bénévent; de Gavius à Vérone : il
peut en avoir trois, comme ceux de Marius à Orange, de
Julien à Reims, de Constantin et de Septime-Sévère à
Rome : quelques-uns, comme ceux de Vérone, d'Autun,
de Saintes, n'en ont que deux; cette dernière disposition
n'est point blâmable dans ces édifices qui sont moins des
arcs de triomphe que de simples portes de villes, parce
qu'elle procure le moyen d'entrer et de sortir sans rencontrer d'embarras; mais elle le serait dans un monument sous
lequel peuvent passer des pompes triomphales, parce que,
venant à rencontrer le trumeau qui sépare les deux ouvertures, elles seraient obligées de se détourner pour prendre
à droite ou à gauche.

Dans presque tous les monuments que nous venons de
citer, on remarque sur les faces principales quatre colonnes

appliquées contre le mur, de plus guidées sur de maigres piédestaux et ne supportant autre chose que des entablements profilés sur chacune d'elles ; malgré le nombre de ces exemples, malgré le nombre plus considérable encore des copies que l'on en a faites, nous persisterons toujours à croire que ces arrangements, insoutenables dans tous les autres genres d'édifices, le sont encore davantage dans un arc de triomphe, monument dont toutes les parties doivent contribuer à élever, à échauffer l'ame du spectateur, en lui retraçant l'image de quelque action glorieuse : car on ne nous persuadera jamais que d'inutiles et de froides colonnes puissent dire quelque chose à l'esprit, à plus forte raison qu'elles puissent parler avec plus d'énergie que les inscriptions et des morceaux de sculpture dont elles usurpent la place dans les arcs de triomphe.

A tous autres égards, nous croyons qu'on ne saurait trop étudier ces monuments antiques. (*Voyez* la planche 21 du parallèle ; *voyez* aussi la planche 1re de cet ouvrage.)

DES RUES.

Comment faudrait-il décorer les rues d'une ville ?

Si, pour abréger le chemin, pour prévenir les embarras et les accidents qui en sont souvent la suite, pour faciliter le renouvellement de l'air, les rues étaient alignées et se croisaient à angle droit ; si, pour épargner à ceux qui les parcourent les incommodités de la boue, de la pluie et du soleil, elles étaient bordées de portiques ; si ces portiques, destinées à un même usage dans toute l'étendue d'une ville, avaient une disposition uniforme ; enfin si les maisons particulières auxquelles ils donneraient entrée étaient disposées de la manière la plus convenable à l'état et à la fortune de

D

EXAMEN

chacun de leurs habitants, et par conséquent avaient toutes
des masses différentes, une telle ville offrirait le spectacle le
plus ravissant et le plus théâtral.

C'est de cette manière qu'étaient disposées les rues d'A-
lexandrie, d'Antinopolis, bâties par Adrien, et d'autres villes
antiques; c'est de cette manière que le sont encore les rues
de Turin, de Boulogne, et de plusieurs autres villes d'Italie;
aussi n'est-ce pas sans ravissement qu'on les parcourt ou
qu'on se souvient qu'on les a parcourues.

DES PONTS.

Comment faudrait-il décorer les ponts?

Si dans leur composition l'on fait entrer tout ce qui est
nécessaire, si l'on n'y introduit rien d'inutile, si tout ce qui
est nécessaire est traité de la manière la plus simple; en un
mot, si dans la composition des ponts on observe les principes de convenance et d'économie qui doivent guider dans
la composition de tous les genres d'édifices, les ponts auront
toute la beauté dont ils sont susceptibles. Pour s'en convaincre il ne faut que comparer le pont de Neuilly avec
celui de Louis XVI : dans la construction de ce dernier,
on a couru après ce qu'on appelle *décoration;* dans celle de
l'autre, on ne s'est occupé que de construction; cependant
l'aspect du pont de Neuilly est aussi satisfaisant que celui
du pont de Louis XVI est pénible et désagréable.

La plupart des ponts sont découverts comme ceux dont
nous venons de parler; mais quelquefois, dans les villes
surtout, pour garantir ceux qui les traversent des incommodités de la pluie et du soleil, on prend le parti de les
couvrir par des galeries ou des portiques, soit en totalité,
comme le pont d'Alexandrie en Italie, de Bassano sur la

Brenta; soit en partie, c'est-à-dire seulement les trottoirs,
comme au pont d'Aliverdikan à Ispahan, à l'ancien pont
triomphal à Rome. Pour éclairer les ponts découverts pendant la nuit, on peut élever à plomb des piles, des colonnes
portant des fanaux, comme au pont Ælius, aujourd'hui
Saint-Ange. Dans les villes où l'on a occasion d'élever plusieurs arcs de triomphe, après en avoir placé aux portes,
on peut en placer sur les ponts; soit que l'on n'en mette
qu'un seul à plomb de l'arche du milieu, comme au pont
triomphal de l'ancienne Rome, ou comme au pont découvert d'Auguste à Rimini; soit que l'on en place un à chaque
extrémité, comme au pont de Saint-Chama en Provence.
On sent combien de décorations architectoniques différentes
doivent naturellement résulter de ces différentes dispositions. La décoration accessoire, c'est-à-dire l'emploi de la
sculpture, peut enfin renforcer naturellement l'effet de chacune de ces différentes décorations architectoniques; des
trophées peuvent être convenablement placés à plomb de
chaque pile : des rangées de statues ne le seraient pas moins
le long des parapets.

Dans presque tous les ponts antiques, les arches sont en
plein cintre; dans la plupart des ponts nouvellement élevés
elles sont en arc de cercle. Cette dernière forme est infiniment plus convenable, puisqu'elle offre à l'eau un passage
beaucoup plus libre que la première.

A l'ancien pont couvert de Pavie, bâti sur le Tésin, par
le duc Galéas Visconti, les arches sont en ogive, forme à la
vérité plus favorable que toute autre à la solidité des voûtes
en général, mais en même temps moins propres à assurer
la solidité des ponts, puisqu'à mesure que l'eau s'élève, les
piles présentent plus de surface, et laissent par conséquent
à ce fluide plus de force pour les renverser : afin d'éviter les

inconvénients de cette forme et conserver en même temps ses avantages, l'ingénieux auteur de cet ouvrage a extra-dossé ses arches, et a laissé vide la partie supérieure des piles comprises entre ces deux extrados, de manière qu'à mesure que l'eau trouve moins de passage sous les arches, elle en trouve davantage dans les vides triangulaires des piles.

Ce pont, comme on le voit, n'a nulle analogie de forme avec les ponts antiques; l'effet qui résulte de sa disposition n'est cependant ni moins satisfaisant, ni moins magnifique; ce qui contribue à prouver que les formes et les proportions influent moins sur la beauté de la décoration, que la conve-nance et la simplicité de la disposition.

Relativement aux ponts, *voyez* les planches 22 et 23 du Parallèle.

DES PLACES PUBLIQUES.

De même que la décoration architectonique des rues résulte des portiques et des divers édifices particuliers qui les bordent, de même celle des places publiques résulte des portiques et des divers édifices publics qui les environnent. Les magnifiques places des anciens en seraient la preuve, si elles subsistaient encore. Malheureusement le temps ne nous en laissé presque aucun vestige; nous ne pouvons nous en former quelque idée que par les descriptions que nous en ont données Platon, Xénophon, Démosthène, Eschine, Pausanias et Hérodote.

Selon ces auteurs, les places publiques antiques étaient environnées d'édifices destinés, les uns au culte des dieux, les autres au service de l'état. On remarquait dans celle d'Athènes le Métroon, ou l'enceinte qui renfermait le temple

de la mère des dieux; celui d'Éacus; le Léocorion, temple
construit en l'honneur de ces filles de Léos qui se sacrifièrent
pour éloigner la peste; le palais où s'assemblait le sénat; la
rotonde entourée d'arbres, où les Prytanes en exercice
venaient tous les jours prendre leur repas, et quelquefois offrir
des sacrifices pour la prospérité du peuple; le tribunal du
premier des Archontes, placé au milieu de dix statues qui
donnèrent leurs noms aux dix tribus d'Athènes; l'enceinte
destinée aux assemblées du peuple; le camp des Scythes que
la république entretenait pour le maintien de l'ordre; enfin
les différents marchés où l'on trouvait les provisions nécessaires à la subsistance d'un grand peuple.

Dans la place publique d'Halicarnasse, construite par
Mausole, roi de Carie, et dont le terrain en pente se prolon-
geait jusqu'à la mer, on voyait d'un côté le palais du roi,
de l'autre le temple de Vénus, et celui de Mercure situé auprès
de la fontaine Salmacis; sur le devant, les divers marchés
publics qui s'étendaient le long du rivage : au fond, la vue se
portait sur la citadelle et sur le temple de Mars, d'où s'élevait
une statue colossale; au centre de la place, ses regards se
fixaient sur le tombeau de Mausole, en forme de pyramide,
couronné sur un char et décoré sur toutes ses faces par les
chefs-d'œuvre des Briaxis, des Scopas, des Léocharès, des
Timothée, et des Pythias.

Dans la plupart des places publiques de la Grèce, au-
devant de superbes édifices, on trouvait de magnifiques
portiques dont les murs étaient couverts d'inscriptions, de
tableaux, de statues et de bas-reliefs de la main des plus
célèbres artistes. Dans l'un des portiques d'Athènes, appelé
Pœcile, les murs étaient chargés de boucliers enlevés aux
Lacédémoniens et aux autres peuples : la prise de Troie, les
secours que les Athéniens donnèrent aux Héraclides, la

 bataille qu'ils livrèrent aux Lacédémoniens à OEnoa, aux Perses à Marathon, aux Amazones dans Athènes, tous ces évènements y étaient représentés par Polygnote, Micon, Panenus, et plusieurs autres peintres célèbres.

La place d'Athènes et plusieurs autres étaient embellies par l'ombrage d'une forêt de platanes sous lesquels on trouvait répandue une foule d'autels, de statues décernées à des rois ou à des particuliers qui avaient bien mérité de la république, de cippes, et de colonnes sur lesquelles étaient gravées les principales lois de l'état.

Rien n'était plus magnifique que le Forum ou marché de Trajan, bâti par Apollodore de Damas. Au rapport de Pausanias, d'Aulu-Gelle, d'Ammien, on y voyait des édifices d'une grandeur et d'une magnificence étonnante; une basilique dans laquelle les consuls donnaient audience au peuple, un temple superbe en l'honneur de Trajan, une bibliothèque entourée d'un péristyle dans lequel tous les gens de lettres célèbres avaient des statues de bronze, des arcs de triomphe, de magnifiques fontaines, des rues entières ornées de statues, enfin la belle colonne élevée après la victoire que Trajan remporta sur les Daces.

Si l'on voulait décrire quelques-unes de nos places modernes, on pourrait le faire non-seulement d'une manière moins vague, mais même de la manière la plus complète et la plus détaillée, puisque nous les avons sous les yeux. S'il s'agissait, par exemple, de faire la description de la place Vendôme, on pourrait s'exprimer ainsi : Cette place, faite sous le règne de Louis XIV, époque à laquelle tous les arts éclipsés depuis vingt siècles avaient enfin repris le degré de splendeur dont ils brillaient sous Auguste, cette place offre dans son plan un parallélogramme de tant de toises de long sur tant de large; les angles de ce parallélogramme sont

échancrés en forme de pan coupé ; elle est entourée de toute
part, excepté à ses deux entrées, de divers bâtiments particuliers, tous assujettis à une hauteur et à une décoration
uniformes. Cette décoration consiste en un ordre corinthien-
pilastre, élevé sur un soubassement dont la hauteur est les
deux tiers de l'ordre. Ce soubassement est décoré à son tour
par des arcades feintes, dans lesquelles sont encadrées les
croisées qui éclairent en même temps le rez-de-chaussée et
l'entresol ; les pieds-droits des arcades sont ornés de refends,
et les clefs de ces arcades le sont avec des mascarons : l'ordre
qui s'élève sur ce soubassement embrasse deux étages ; il est
couronné par un entablement dont la hauteur est entre le
quart et le cinquième, son profil est celui de Vignole ; au-
dessus on aperçoit un grand comble, lequel est couvert
en ardoise et percé de lucarnes diversement ornées. Toutes
les croisées de cette place sont en anse de panier : pour
donner du mouvement et de l'effet à la décoration, dans le
milieu de chacun des deux corps de bâtiments qui bordent
cette place, on a pratiqué un avant-corps formé par quatre
colonnes engagées, dont l'entablement est couronné par un
fronton dans le tympan duquel est un cartouche supporté
par des génies. Au milieu de cette place s'élevait la statue
du monarque.

Quelle sécheresse cette description d'une de nos plus
belles places modernes ne laisse-t-elle pas dans l'ame, malgré
son exactitude ! Quelles émotions délicieuses et sublimes, au
contraire, ne font pas éprouver ces descriptions des places
publiques des anciens, malgré le vague qui y règne ! A quoi
tient la différence de ces impressions ? à ce que dans le
premier cas il ne s'agit que de décoration, et que dans l'autre
il s'agit de la disposition d'objets du plus grand intérêt, de
la plus grande importance.

On nous dira peut-être que, si nos places n'ont pas la beauté de celles des anciens, c'est parce que nos usages s'y opposent, et que nos facultés s'y refusent. Si, d'après cela, on ne peut dans leur composition introduire une décoration réelle, il est raisonnable d'y suppléer du moins par une image de décoration. L'examen de la place de Louis XV, celle de toutes nos places dans laquelle il semble que l'on ait le plus visé à l'économie, puisqu'elle ne présente des bâtiments que d'un seul côté, va répondre à ces différentes objections.

La ville de Paris exprima le vœu d'élever une statue à Louis XV. La coutume était de faire une place pour chaque statue. La ville de Paris remarquant que, si elle élevait encore quelques statues, elle ne serait bientôt plus qu'une place elle-même, jugea fort prudemment qu'il fallait commencer par reléguer celle-ci hors de son enceinte. L'architecte, non moins conséquent que la ville, pensant qu'une place publique située dans la campagne ne devait pas avoir autant de magnificence, ni coûter autant que celles qui sont renfermées dans les villes, trouva qu'il était convenable de n'élever des bâtiments que d'un seul côté. A la vérité, cette disposition ne formait point une place; mais il trouva bientôt le moyen d'en former une. Il ouvrit des fossés larges et profonds, dont il environna un assez grand espace de terrain. Cette enceinte aurait rendu la place de Louis XV inabordable; mais l'architecte remédia à ce petit inconvénient en construisant six ponts en pierre de trois arches chacun par le moyen desquels la communication entre cet espace de terrain, appelé *place*, et les terrains avoisinants, fut rétablie. Les fossés furent ensuite revêtus d'un mur épais; et comme il s'agit moins en architecture de faire un mur ou autre chose que de le décorer, une somme à-peu-près égale au tiers de

ce que les murs et les ponts avaient coûté fut employé à
embellir le tout par des corps de refend, des tables saillantes,
des avant-corps, des arrière-corps, des balustrades, etc.
Voyez planche 2, figure 1.

Malgré tout ce luxe de décoration, cette place ne produit
aucun effet lorsqu'on la traverse, et par conséquent la dépense que l'on y a faite, quelle qu'elle soit, est en pure
perte, même pour la décoration.

Si, dans la composition de cette place, au lieu de s'occuper
de formes, de proportions, etc., enfin de toutes ces pué-
rilités par lesquelles on prétend décorer et faire du beau,
on se fût appliqué à la disposition, aux convenances, en un
mot à tout ce qui mérite véritablement le nom d'Architecture; si l'on eût fait attention que cette place était située
entre deux promenades très-fréquentées, que souvent au
milieu du plus beau jour la sérénité du ciel était troublée
par des orages qui forcent ceux qui se promènent à chercher
promptement un abri, que souvent une place publique est
le théâtre des fêtes les plus brillantes et des cérémonies les
plus pompeuses; qu'en conséquence on eût environné celle-
ci de vastes portiques qui, dans les mauvais temps, auraient
offert une promenade couverte, et dans les temps de fêtes des
places commodes pour tout un peuple; que, pour rafraîchir
l'air, on y eût placé d'abondantes fontaines, etc.; quel magnifique spectacle n'eût pas offert cette place dont les immenses
portiques se seraient dessinés tantôt sur des arbres, tantôt
sur le fleuve et tantôt sur les édifices publics élevés du côté
de la ville! *Voyez* même planche, fig. 2.

Et cette place si commode et si pompeuse, digne en tout
de rivaliser avec celles élevées par les Grecs et les Romains;
cette place, dis-je, aurait moins coûté que celle qui existe :
avec les murs intérieurs des fossés et le tiers des murs exté-

E

rieurs on aurait pu construire les quatre rangs de colonnes nécessaires pour donner aux portiques une largeur convenable; les deux tiers restants du mur extérieur, ainsi que les avant-corps inutiles à l'enceinte de la place, auraient suffi pour la construction des soffites ou plafonds de ces portiques; la dépense que les ponts ont occasionée aurait suffi pour orner cette place de fontaines jaillissantes; on aurait pu décorer la partie supérieure des portiques, et même le tour de la place, de statues nombreuses et intéressantes dont l'exécution aurait encouragé la sculpture et développé dans ce genre le germe d'une foule de talents : cette place ainsi achevée, il resterait encore ce qu'ont coûté la fouille et le transport des terres, somme énorme et plus que suffisante pour couvrir d'un portique le pont qui conduit à cette place. *Voyez* même planche, figure 3.

Il est donc évident que, si nos places sont si éloignées d'avoir la majesté de celles des anciens, cette différence ne tient ni à nos convenances particulières, puisque dans un climat aussi pluvieux que le nôtre les portiques sont encore plus nécessaires que sous le beau ciel de la Grèce, ni à la médiocrité de nos moyens pécuniaires, puisque celle de nos places qui fut faite avec le plus d'économie a bien plus coûté qu'une autre place qui égalerait en magnificence celles de la Grèce et de Rome; mais cette différence provient uniquement de cette manie de décoration qui nous fait dépenser des sommes énormes sans profit ni plaisir; manie funeste et détestable, puisqu'elle nous met dans l'impossibilité d'élever une foule d'édifices de la plus grande importance, édifices de l'assemblage desquels nos villes recevraient le plus grand éclat et les plus précieux avantages.

Quoique la plupart des plans de places publiques contenus dans les planches 13, 14, 16 et 46 du Parallèle ne soient

rien moins qu'exacts, comme ils ont été tracés par des architectes célèbres, pénétrés de l'esprit des anciens, nous croyons
qu'il sera avantageux de les examiner.

DEUXIEME SECTION.

DES ÉDIFICES PUBLICS.

DES TEMPLES.

Rarèment aura-t-on des édifices sacrés à construire, vu
l'excessive quantité qui en existe partout. D'après cela,
et considérant le peu de temps que les élèves ont pour étudier l'architecture, il semblerait convenable de ne point nous
occuper ici de cette espèce d'édifices; mais comme notre but
est moins d'enseigner à faire tel ou tel édifice, que de développer les principes qui doivent guider dans la composition
de tous; comme l'examen des édifices antiques et la comparaison que l'on en peut faire avec les édifices modernes est
ce qui peut nous conduire plus directement à ce but; comme
de tous les édifices antiques les temples sont ceux dont il
nous reste un plus grand nombre, nous croyons devoir nous
arrêter quelques instants sur ce genre d'édifices.

La plupart des temples antiques, tant de ceux qui étaient
répandus dans les environs d'Athènes, de Corinthe, de
Rome, etc., que de ceux que ces villes célèbres renfermaient dans leur enceinte, étaient moins des lieux consacrés
à l'exercice public du culte que des monuments destinés à
rappeler l'idée de quelque vertu dont la pratique pût être
utile à la patrie. Tel était le principal objet du temple de

 l'Honneur, auquel celui de la Vertu servait de vestibule, temple que Marcellus, ce vainqueur d'Annibal, fit élever après ses victoires, afin que les troupes partant pour la guerre se rappelassent qu'on ne parvenait à la gloire que par le courage, qu'on n'acquérait de l'honneur que par la vertu : tel était l'objet de celui que le dictateur Camille éleva à la Concorde, après avoir eu le bonheur de réconcilier les différents ordres de la république. Le temple que Marc-Aurèle consacra à la bienfaisance n'en avait pas d'autre que d'apprendre à ses successeurs qu'elle doit tenir le premier rang parmi les vertus d'un prince.

Ces temples, qui ne contenaient que la statue de la divinité à laquelle ils étaient dédiés, les trépieds nécessaires aux fumigations, les tables destinées à poser les offrandes ; ces temples, dans lesquels, ainsi que dans la plupart des autres, le prêtre ou la prêtresse souvent avaient seuls le droit de pénétrer, ne devaient pas naturellement être d'une grandeur considérable.

En effet, ils ne consistaient la plupart qu'en une seule pièce parallélogrammique, d'une étendue assez médiocre, précédée d'un simple porche de quatre ou six colonnes, auquel on parvenait par des degrés qui en occupaient toute la largeur.

Dans les temples même des divinités auxquelles on décernait les grands honneurs du sacrifice, tels que les temples de Jupiter Olympien à Athènes, de Jupiter Capitolin à Rome, du Soleil à Balbek et à Palmyre, la cella, le sanctuaire, enfin le corps du temple n'avait guère plus d'étendue, et cela devait être, si l'on considère son usage et le nombre d'objets qu'il devait contenir. Ce qui rendait ces derniers édifices plus considérables, c'étaient les parvis dans lesquels se faisaient les sacrifices, parvis qui tantôt précédaient les temples

et tantôt les entouraient ; c'étaient les portiques dont les parvis
étaient environnés pour recevoir la foule du peuple qu'atti-
rait cette partie du culte ; enfin c'étaient les péristyles, tantôt
doubles, tantôt simples, que l'on faisait régner autour de la
cella pour placer convenablement les ministres des dieux.

Malgré tous ces nouveaux objets qui entraient dans la
composition des grands temples, ces édifices n'avaient pas
une étendue aussi immense qu'on le croit communément ;
et d'ailleurs les temples de cette espèce n'étaient pas en grand
nombre.

On voit par le peu d'étendue que les temples des anciens
occupaient en général, par le petit nombre des objets qui
entraient dans leur composition, par la simplicité avec laquelle ce petit nombre d'objets étaient disposés, avec quelle
sévérité les anciens, dans ce genre d'édifices même où il
semble que la décoration dût avoir le plus de part, observaient
les lois de la convenance et de l'économie. On sait en même
temps combien l'aspect de leurs temples était noble et imposant. A la vérité la décoration architectonique, résultante
de la disposition de quelques-uns, était singulièrement ren-
forcée par des objets bien propres à augmenter son éclat.
Quoi de plus majestueux que ces bois sacrés qui ombra-
geaient les parvis des temples de Jupiter et de Junon, près
d'Olympie, celui du temple d'Esculape à Épidaure, celui du
temple de Jupiter Olympien à Athènes, etc.? Quoi de plus
magnifique que cette foule d'autels, de trépieds, de statues,
de chars, et autres monuments de reconnaissance, dont ces
bois étaient parsemés? Quoi de plus propre à parler à l'ame
que ces sublimes peintures dont les murs des temples et des
parvis étaient quelquefois couverts, que ces superbes bas-
reliefs dont les frises et les frontons étaient ornés? Enfin

quoi de plus imposant que les statues des dieux qui s'élevaient sur le faîte de leurs temples ?

Mais tous les objets qui ajoutaient si fort à la décoration n'étaient pas, comme on le voit, ce qu'on appelle de l'*architecture*, c'ést-à-dire des objets insignifiants et inutiles, mais bien des productions de la nature même, ou des chefs-d'œuvre des beaux-arts, objets amenés d'ailleurs par la convenance. Au reste, la plupart des temples étaient privés de tous ces ornements, et l'effet qui résultait de leur disposition était cependant tel que nous ne pouvons nous défendre encore du plus vif sentiment d'admiration au seul aspect de leurs ruines.

Si dans les édifices dont nous venons de parler on ne s'est point occupé de décoration, on pourrait dire qu'on s'en est occupé encore moins dans les temples des premiers chrétiens, appelés *Basiliques*, à cause de leur ressemblance avec les édifices de ce nom, dans lesquels les anciens rendaient la justice. La basilique de Saint-Jean-de-Latran, l'ancienne basilique de Saint-Pierre sur le mont Vatican, celle de Saint-Paul sur le chemin d'Ostie, édifices que Constantin fit élever après la défaite de Maxence, ne furent construits qu'avec des débris de temples ou d'autres édifices antiques. Il n'y avait pas en quelque sorte deux des colonnes qui entraient dans la composition de leur intérieur, qui ne fussent de matière, de dimension et de proportion différentes : pour mettre de niveau la partie supérieure des chapiteaux de ces colonnes, tantôt on supprima leurs bases, tantôt on les éleva sur des socles. La charpente, loin d'être revêtue par un magnifique plafond, comme à Sainte-Marie-Majeure, restait en évidence. Cependant, malgré la nudité qui régnait dans l'ensemble de ces édifices, malgré le peu de symétrie de leurs détails, leur intérieur n'avait ni moins de noblesse,

ni moins de majesté que l'extérieur des temples antiques? pourquoi cela? parce que leur disposition n'était
ni moins simple, ni moins économique, ni moins convenable.

Le culte catholique, consistant principalement en des
assemblées nombreuses, fréquentées et prolongées, exigeait
pour son exercice des édifices dont l'intérieur fût vaste,
bien fermé et bien éclairé : rien ne pouvait mieux remplir
ces convenances que les basiliques. L'église de Saint-Paul,
hors les murs, à laquelle ressemblait parfaitement celle de
Saint-Pierre, qui n'existe plus, et celle de Saint-Jean-de-
Latran, que l'on a tout-à-fait défigurée en voulant la mo-
derner, peut nous donner une idée de la disposition et de
l'effet de toutes.

Cette église est divisée dans sa largeur par quatre files de
colonnes destinées à soutenir les murs sur lesquels portent
les combles des cinq nefs formées par ces files de colonnes;
la nef du milieu est plus large et plus élevée que les nefs
latérales; enfin les deux dernières qui règnent le long des
murs extérieurs sont encore moins élevées que celles-ci : par
cet arrangement, toutes les nefs sont directement et parfaitement éclairées par des fenêtres pratiquées dans les murs
qui en forment la partie supérieure.

Ces nefs, dirigées du levant au couchant, vont aboutir
vers le fond de l'église à une autre nef transversale qui s'étend
du midi au septentrion; et dans celui des côtés de cette
nouvelle nef qui est en face de la nef principale, on a pratiqué
un hémicycle ou grande niche circulaire, où sont les siéges
des prêtres et de l'évêque. Au-devant de cette basilique, ainsi
que de toutes les autres, règne un porche qui prépare au
respect que l'on doit témoigner en y entrant.

Telle est la disposition de la basilique de Saint-Paul : la

vue que nous en a donnée Piranesi suffit pour nous faire juger de son effet magnifique.

La symétrie ne règne pas plus dans les détails des églises appelées improprement *gothiques*, que dans ceux des premières basiliques chrétiennes. Ces détails sont d'autant moins propres à rendre ces édifices capables de plaire, qu'ils n'ont aucune ressemblance avec les détails antiques dans lesquels on fait consister en grande partie l'essence de l'architecture. A quoi donc attribuer les sensations sublimes et profondes que l'on éprouve en parcourant les temples de ce genre? d'après ce que nous venons de dire, on ne l'attribuera certainement pas à ce qu'on appelle *décoration*.

C'est pourtant en décorant, c'est-à-dire en accumulant dispendieusement inutilités sur inutilités, insignifiances sur insignifiances, en sacrifiant toutes les convenances à cette décoration absurde, que les modernes ont prétendu l'emporter sur les anciens dans la composition de leurs temples : voyons s'ils y ont réussi.

Un porche est, comme on sait, une partie essentielle d'un temple : on n'en trouve presque jamais dans les églises modernes; mais si les portails de ces églises manquent de porches, pour la plupart ils ne manquent pas de colonnes avec lesquelles on aurait pu en construire. Au lieu de quatre, six ou huit tout au plus qu'il aurait fallu pour cet objet utile, on en remarque quelquefois jusqu'à vingt ou trente, plaquées contre les murs, uniquement pour les décorer : si cependant on compare la façade du plus petit temple antique avec le plus célèbre de nos portails modernes, celui de Saint-Gervais, il est facile de voir combien l'effet du premier est satisfaisant et noble, et celui du dernier fatigant et mesquin.

L'usage des églises modernes étant absolument le même

que celui des basiliques des premiers chrétiens, il n'y avait
rien de mieux à faire que d'imiter leur disposition; mais
l'envie de faire du neuf engagea le Bramante, homme de
mérite d'ailleurs, à imiter plutôt celle du temple de la Paix,
dans la composition de la nouvelle église de Saint-Pierre,
bien que cet édifice fût moins un temple qu'un trésor destiné par Vespasien à renfermer les dépouilles de la Judée.
L'envie de surpasser les anciens, en rassemblant dans un seul
édifice les beautés de plusieurs, porta ensuite le même architecte à placer sur cet édifice, imitation du temple de la Paix,
un autre édifice imité du Panthéon.

Pour donner à cet édifice le dernier degré de beauté, les
architectes qui succédèrent au Bramante couvrirent les piliers
et les murs de colonnes plaquées, de pilastres, d'entablements ressautés, de frontons de toute espèce, etc., et cet
édifice ainsi décoré devint le modèle que l'on imita depuis
dans la construction des églises les plus considérables de
l'Europe.

Il est facile de voir combien ces édifices sont moins convenables à leur objet que les basiliques. Dans celles-ci, les
murs et les colonnes n'occupent que la dixième partie de la
superficie totale; et dans les églises modernes, les murs et
les piliers en occupent plus du cinquième. Les dimensions
de deux églises étant les mêmes, l'aire de celle composée
dans le dernier système est donc moindre de plus d'un
neuvième que ne le serait l'aire de l'autre. Dans les églises
modernes, les piliers, quoiqu'en bien moindre nombre que ne
le sont les colonnes dans les basiliques, occupent cependant
plus d'espace. Ces églises offrent donc moins de dégagement.

Si ces édifices sont moins convenables, ils sont en même
temps bien moins solides : la preuve est dans les faits. Les
basiliques subsistent depuis Constantin; l'église de Saint-

F

Pierre, bien postérieure, ne serait plus qu'un monceau de ruines, sans les réparations énormes que l'on y fait sans cesse, et les cercles de fer dont on a été obligé d'environner le dôme.

Ces édifices, bien moins convenables et bien moins solides, sont en outre bien plus dispendieux. Il est facile de s'en convaincre : les massifs de ces églises sont le double de ceux des basiliques; par cela seul, ces églises doivent coûter le double. Si l'on considère ensuite la dépense effroyable dans laquelle entraîne la construction des dômes, celle que doivent occasioner tous les objets inutiles et insignifiants que l'on appelle de l'*architecture*, et dont ces édifices sont remplis, on ne craindra pas de dire que la dépense totale doit être dix fois plus considérable.

Est-il possible de faire à ce qu'on appelle *la décoration architectonique* des sacrifices plus grands et plus nombreux? et qu'y a-t-elle à gagner? Ne comparons point nos églises aux temples des anciens pour la beauté; ne les comparons qu'aux basiliques, ou même, si l'on veut, qu'aux églises dites *gothiques*. L'impression que nous éprouvons en entrant dans les unes approche-t-elle seulement de celle que nous éprouvons dans les autres?

Et comment cela pourrait-il être autrement? A grandeur égale de deux intérieurs, celui qui offre le plus de divisions paraît le plus vaste; celui qui présente le plus d'objets à-la-fois paraît le plus magnifique. Les églises modernes, dont les nefs ne présentent à l'œil qu'un petit nombre d'arcades maussades et de piliers massifs, tandis que les basiliques, et même les églises gothiques, offrent une foule de dégagements commodes et de soutiens élégants, sont donc bien moins propres que les dernières à frapper fortement notre ame par l'idée de magnificence et d'immensité.

Quant aux dômes, à cette partie de nos églises dans laquelle les yeux seuls peuvent pénétrer, édifices plantés sur un autre de la manière la plus étrange et la moins solide, puisqu'ils ne portent que par quatre points sur les arcs des nefs, et que dans tout le reste de leur pourtour ils sont entièrement en porte-à-faux : si leur objet, comme on le prétend, est d'annoncer de loin l'opulence et la magnificence d'une ville, ils le remplissent bien mal; car en voyant ces édifices si dispendieusement inutiles, pour peu que l'on raisonne, on est naturellement porté à croire que la ville qui les renferme manque nécessairement d'une foule d'édifices essentiels dont l'aspect eût contribué infailliblement à sa magnificence et à sa beauté.

Nous avons vu que les anciens, les premiers chrétiens, et les chrétiens plus modernes, qui ont élevé des églises gothiques, n'ont point couru après la décoration, n'ont point cherché à plaire, qu'ils ne se sont occupés qu'à disposer leurs édifices sacrés de la manière la plus convenable et la plus économique, et que ces édifices produisent les plus grands effets; que les modernes au contraire n'ont visé qu'à la décoration, qu'ils lui ont tout sacrifié, et que cependant l'effet de leurs temples est nul, s'il n'est pas désagréable : ces remarques ne sont-elles pas bien propres à convaincre de la vérité des principes que nous avons exposés et de l'importance de leur application sous quelque rapport que l'on envisage l'Architecture.

Relativement à ce genre d'édifice, *voyez* les planches du Parallèle depuis 1 jusqu'à 15.

DES PALAIS.

Un palais est un édifice destiné d'une part à loger un prince, et de l'autre à recevoir les personnes qui viennent lui demander des audiences publiques ou particulières. Ces audiences ne pouvant être données à tout le monde à-la-fois, et ceux qui les demandent méritant de la considération, il faut, outre les appartements du prince et de sa famille, les logements des gens de sa suite et d'autres accessoires, faire entrer dans sa composition des portiques, des vestibules, des galeries, des salles dans lesquelles chacun puisse en toute saison attendre commodément et dignement le moment d'être admis à son tour aux audiences du prince : telles sont les convenances principales d'un palais. On voit que la magnificence doit résulter naturellement de la disposition de ce genre d'édifice.

Les palais de l'Escurial, de Versailles, des Tuileries, et quantité d'autres, ont une étendue immense; on a prodigué des sommes énormes pour couvrir leur extérieur de ce que l'on appelle *Architecture*. D'après les idées que l'on a vulgairement de cet art, ils devraient être de la plus grande beauté; rien cependant n'est plus trivial et plus mesquin que leur aspect. La plupart des palais d'Italie au contraire sont d'une petitesse extrême, ne sont pas composés à beaucoup près d'un aussi grand nombre d'objets, ont coûté conséquemment bien moins, et rien cependant n'est plus noble que ces édifices. Pourquoi cela ? parce que, dans les premiers, on a totalement négligé la disposition et les convenances pour ne s'occuper que de décoration, et que dans les autres les convenances et la disposition ont du moins été les principaux objets dont on s'est occupé d'abord.

Les bornes de ce précis ne nous permettent pas d'examiner, l'un après l'autre, avec quelques détails, les différents palais que nous venons de citer. Nous renverrons donc pour cet examen aux planches 43, 45, 46, 47, 53, etc., jusques et compris 60 de notre Parallèle, et nous nous bornerons à quelques observations sur le Louvre, ce palais si célèbre; elles suffiront pour achever de remplir le principal but que nous nous sommes proposé en traitant de ce genre d'édifice.

Dans un palais comme le Louvre, où les principaux appartements sont au premier étage, la convenance demandait peut-être pour cet étage, ainsi qu'on l'a fait, une colonnade d'où le prince qui l'eût habité eût pu jouir des fêtes que l'on aurait données dans la place qui est au-devant de cet édifice; mais à coup sûr elle exigeait au rez-de-chaussée une autre colonnade pour recevoir dignement ceux que leurs affaires auraient pu conduire dans ce palais : or, si le Louvre est admiré généralement par tous ceux qui ne considèrent l'Architecture que comme l'art d'amuser les yeux à cause de la colonnade que l'on remarque dans sa façade, n'est-il pas évident qu'il aurait excité une admiration double, si au-dessous de la colonnade qui existe, une autre colonnade se fût présentée aux regards?

Les bâtiments qui environnent la cour du Louvre sont simples, c'est-à-dire qu'ils ne renferment dans leur épaisseur qu'une seule pièce, disposition peu commode, puisque pour parvenir aux pièces des extrémités, il faut traverser toutes les autres, ou monter et descendre sans cesse des escaliers qui interceptent la communication des appartements. Une colonnade qui aurait régné tout autour de cette cour, tant au rez-de-chaussée qu'au premier étage, ainsi que dans la plupart des palais d'Italie, en faisant disparaître tous ces inconvénients, n'aurait-elle pas ajouté considérablement à la beauté de sa décoration? Y a-t-il quelqu'un qui puisse disconvenir que des colonnades réelles n'offrent un spectacle plus frappant que des images imparfaites et confuses de ces mêmes colonnades, telles que celles qui forment la décoration architectonique de la cour du Louvre?

46

DES ÉDIFICES PUBLICS.

La colonnade du Louvre est interceptée dans son milieu
par un avant-corps énorme, dans la partie inférieure duquel
est pratiquée l'entrée de ce palais; entrée, au jugement de
tout le monde, indigne d'un tel édifice. Si cet avant-corps
inutile et incommode n'existait pas, si la colonnade s'éten-
dait, comme naturellement cela devrait être, d'un pavillon
à l'autre, cette colonnade ne ferait-elle pas un effet infiniment plus imposant? Si de la colonnade que l'on eût dû
placer au-dessous de celle-ci on fût entré dans un vestibule
vaste par cinq entre-colonnements; si par un nombre d'entre-
colonnes semblables on eût passé de ce vestibule sous les
portiques de la cour; si pour arriver au premier étage on eût
trouvé de grands escaliers à droite et à gauche du vestibule,
l'entrée du Louvre n'aurait-elle pas été aussi majestueuse
qu'elle l'est peu?

S'il est évident que la convenance eût procuré à cet édifice
un degré de beauté bien supérieur à celui qu'il offre, il ne
l'est pas moins que l'économie, loin de s'opposer à cet effet,
aurait, au contraire, contribué essentiellement à l'augmenter.
Il n'est pas besoin de calcul pour se convaincre que les
dépenses occasionées par les avant-corps, les frontons et
une foule d'autres objets inutiles ou peu simplement disposés
qui se rencontrent dans cet édifice, et que l'économie et le
goût rejettent absolument, eussent été plus que suffisantes
pour la construction des objets essentiels qui lui manquent,
et desquels eût infailliblement résulté le degré de beauté
dont il était susceptible.

Le projet de palais que l'on trouvera, planches 3 et 4 de
cet ouvrage, est supposé élevé à la campagne. Comme dans
ce cas le terrain est bien moins restreint qu'à la ville, comme
l'on peut s'étendre en quelque sorte autant qu'on le veut,
nous avons cru devoir ne lui donner qu'un étage : d'une part,

afin qu'il n'y eût point de logements au-dessus des appartements du prince; de l'autre, afin que de tous les appartements
placés au rez-de-chaussée on pût jouir plus facilement des
promenades qu'offriraient les jardins.

On remarquera que cet édifice exige quelques pièces assez
vastes dont la hauteur doit par conséquent être plus considérable que celles de plusieurs autres dont l'étendue est
moindre, et que de ces différentes hauteurs des pièces résulte
naturellement un certain mouvement dans l'élévation de cet
édifice; que la convenance exigeant dans certaines parties
de son plan des colonnades qu'elle réprouve dans d'autres,
cette différence introduit nécessairement dans l'élévation,
sans qu'il soit besoin de s'en être occupé, des avant-corps,
des arrière-corps, des parties ornées et des parties lisses,
ce qui donne à l'aspect de cet édifice le degré de variété
dont il est susceptible.

Quant au plan général de ce palais, notre but n'a été,
en le donnant, que de faire voir que, rapprochant les uns
des autres des édifices qui ont entre eux des rapports, et
formant de ces édifices un ensemble, on peut, sans augmenter
la dépense, augmenter la magnificence des spectacles que
l'architecte peut offrir.

DES TRÉSORS PUBLICS.

Les édifices de ce genre, destinés d'une part à renfermer
une grande partie des richesses d'une nation, et de l'autre
à les distribuer, à les répandre par divers canaux, doivent
être disposés tout à-la-fois de la manière la plus sûre et la
plus propre à rendre les différentes parties du service faciles
et distinctes. Le projet que nous offrons, planche 5, nous
a paru remplir parfaitement ces deux objets. Relativement

 à la sûreté, le trésor proprement dit, placé au centre de tout l'édifice, est déja défendu par les doubles murs des différentes pièces qui l'environnent. Il l'est de plus par ceux de l'enceinte, murs qui d'ailleurs ne sont percés d'aucunes croisées, et ne le sont même que par un petit nombre de portes que l'on peut rendre encore aussi fortes qu'on le veut. Nous ne parlerons pas des corps-de-garde tant intérieurs qu'extérieurs placés aux différentes entrées. Quant à la facilité du service et à la distinction de ses différentes parties, rien n'est encore plus favorable que cette disposition. Du trésor on peut aisément transporter dans les caisses placées à ses angles les sommes nécessaires pour les paiements journaliers ; des deux vestibules qui le précèdent, on entre facilement dans les quatre caisses ; des salles destinées à l'administration, placées aux deux côtés du trésor et entre les diverses caisses, on est à portée d'exercer la surveillance la plus exacte sur le tout ; enfin, les bureaux où l'on doit se munir des pièces nécessaires pour être payé, étant relégués dans l'enceinte, étant séparés du principal corps de bâtiment où sont placés le trésor et les caisses, il ne pourrait y avoir dans le service aucun embarras, aucune confusion.

La seule inspection du projet suffit pour donner une idée de l'effet que produirait cet édifice.

DES PALAIS DE JUSTICE.

Chez les anciens, les édifices dans lesquels on rendait la justice, et que l'on nommait *basiliques*, ne consistaient qu'en une vaste salle, divisée de différentes manières par des files de colonnes, comme on peut le voir planche 15 du Parallèle. Chez les modernes, les édifices appelés *Palais de*

Justice, sont beaucoup plus considérables. Ils doivent renfermer plusieurs tribunaux, une grande salle qui leur sert de vestibule, dans laquelle les avocats et les plaideurs se promènent en s'occupant d'affaires; des cabinets pour les juges, des greffes, des buvettes, des corps-de-garde, et.quelquefois des prisons.

Dans un semblable édifice, où se rassemble toujours beaucoup de monde, il faut que les issues soient faciles et multipliées. Il faut en outre que les pièces spécialement destinées à rendre la justice soient disposées de manière qu'aucun bruit extérieur ne puisse causer de distraction à ceux qui plaident ou qui jugent. Dans le projet du Palais de Justice que nous donnons planche 6, toutes les convenances sont remplies parfaitement. Elles le sont en même temps de la manière la plus simple. Aussi, comme on pourra le remarquer, sa décoration architectonique a-t-elle tout le caractère, tout le style, toute la variété, et tout l'effet que ce genre d'édifice comporte. Le recueil intitulé *Choix des projets d'édifices, etc.*, en contient deux moins considérables, dont on peut faire le même éloge. *Voyez* les planches 1 et 2 de ce recueil.

DES JUSTICES DE PAIX.

Un seul tribunal, précédé d'un vestibule, accompagné du logement du juge, et de quelques pièces accessoires, le tout environné d'une petite enceinte propre à éloigner le bruit; voilà à-peu-près tout ce qui est nécessaire pour un édifice de ce genre. Un tel édifice, comme on le voit, serait naturellement bien moins considérable qu'un palais de justice: on peut voir cependant, par le projet que nous offrons planche 7, qu'étant destiné à un usage analogue, s'il était

 traité dans le même esprit, il pourrait avoir autant de
dignité.

DES MAISONS COMMUNES OU HÔTELS-DE-VILLE.

Ces édifices peuvent être plus ou moins considérables ,
selon la grandeur des villes dans lesquelles ils sont élevés.
Nous avons affecté ici d'offrir pour exemple une maison
commune faite pour une ville de peu d'étendue, afin de mon-
trer, ainsi que nous l'avons fait dans le projet précédent,
que, bien que la grandeur soit une des qualités qui nous
frappent le plus en architecture comme en toute autre chose,
un édifice dans lequel elle ne doit pas se rencontrer n'en est
pas moins susceptible de beauté, si les convenances y sont
remplies comme elles doivent l'être.

Outre une grande salle pour les assemblées municipales ,
outre différents bureaux , il faut encore dans un édifice de
ce genre, quelles que soient ses dimensions, des portiques
pour recevoir ceux que leurs affaires y appellent. Il faut de
plus que de ces portiques on puisse parvenir facilement à
chaque partie de l'édifice. Il est facile de voir que le projet
représenté planche 7 réunit tous ces divers avantages , et
que, malgré sa petitesse , cet édifice offrirait encore dans
l'exécution un aspect fort imposant.

Les hôtels-de-ville les plus célèbres sont ceux d'Amsterdam, d'Anvers, de Maëstricht, d'Oudenarde et de Bruxelles.
Les trois premiers sont décorés d'ordres d'architecture. Les
deux autres sont gothiques. Cependant leur aspect annonce
bien plus évidemment un édifice public; ce qui confirme ce
que nous avons dit et prouvé plus d'une fois, que les formes
et les proportions influent bien moins sur la beauté de la
décoration que la disposition.

On peut voir ces différents édifices planche 17 du Parallèle. On trouve aussi une composition dans ce genre dans *le Choix des projets*, planche 24.

DES COLLÉGES.

Ces édifices, destinés à l'instruction de la jeunesse, se nommaient *gymnases* chez les Grecs. Les gymnases étaient de vastes édifices entourés de jardins et d'un bois sacré; on entrait d'abord dans une cour, de forme carrée, dont le pourtour était environné de portiques et de bâtiments. Sur trois de ses côtés étaient des salles spacieuses, et garnies de siéges, ou les philosophes, les rhéteurs, etc., rassemblaient leurs disciples. Sur le quatrième, on trouvait des pièces pour les bains et les autres usages du gymnase. Le portique exposé au midi était double, afin qu'en hiver la pluie ne pût pas être chassée par le vent dans sa partie inférieure.

De cette tour carrée on passait dans d'autres cours bordées de portiques sur leurs plus grands côtés, et ombragées par des platanes. L'un des portiques de ces cours s'appelait *xiste*. On avait ménagé dans le milieu de sa longueur une espèce de chemin creux, d'environ quatre mètres de largeur sur un peu moins d'un demi-mètre de profondeur. C'était là qu'à l'abri des injures de l'air, séparés des spectateurs qui se tenaient sur le bord de ce renfoncement, les jeunes élèves s'exerçaient à la lutte. On trouvait encore dans ces édifices un stade pour les courses.

S'il est facile de voir que la disposition des gymnases était aussi commode, aussi salubre, etc., que la disposition des colléges de Paris l'est peu, il n'est pas plus difficile d'imaginer que l'aspect des premiers était aussi propre par sa noblesse, sa variété, son agrément, à élever l'ame des jeunes gens, à leur inspirer le goût de l'étude, que l'aspect triste et rebutant des autres est propre à faire un effet contraire.

Le même esprit qui dirigea les Grecs dans la composition de leurs gymnases se remarque dans celle des nombreux colléges renfermés dans les villes de Cambridge et d'Oxford. Outre de vastes cours, des salles pour les divers genres d'études, des chapelles, des bibliothèques, des réfectoires, des dortoirs, etc., on y trouve des théâtres, des portiques sous lesquels on peut, à couvert, se livrer à divers exercices, des jardins rafraîchis par des fontaines jaillissantes, enfin tout ce qui peut favoriser la santé et le développement de toutes les facultés. Aussi ces édifices excitent-ils une admiration générale, malgré le style gothique dans lequel la plupart sont construits.

Quoique beaucoup moins considérables, par leur étendue, que ceux d'Angleterre, quoique différents à quelques égards, quant à leur usage, le Collége Romain et celui de la Sapience à Rome, l'Université de Turin, le Collége Helvétique de Milan, et quelques autres colléges d'Italie, ne sont pas moins célèbres, et ne méritent pas moins de l'être; traités d'après les mêmes principes, ils doivent faire éprouver les mêmes sensations : on trouvera les plans de quelques-uns de ces édifices, planche 18 du Parallèle.

Dans la composition du projet de collége que l'on trouvera planche 8, on a tâché de se pénétrer de l'esprit des anciens, et de mettre à profit tout ce que les édifices modernes de ce genre peuvent offrir d'intéressant. Nous n'entrerons pas dans de grands détails à l'égard de ce projet. Nous nous contenterons de faire observer que les bâtiments destinés aux exercices de l'esprit, lesquels sont rangés autour de la cour principale, étant éloignés de toute part des rues qui environnent l'édifice, on y jouirait sans cesse de tout le calme nécessaire à l'étude ; que les cours accessoires étant placées dans les angles de la partie postérieure, le service des cuisines , des réfectoires , etc., se ferait avec la plus grande facilité, et sans causer dans les autres parties le moindre embarras ni le moindre trouble; enfin, que le spectacle des jardins dont on jouirait de la cour des études , à travers les vestibules qui y donneraient entrée, communiquerait à cette cour même un air de vie et de gaîté plus nécessaire qu'on ne l'imagine dans les lieux consacrés aux travaux de l'esprit. Les projets de collége, que l'on trouve planches 25, 26 et 27 du *Choix des projets*, quoique composés sur un terrain bien moins grand , offrent à-peu-près les mêmes avantages.

DES ÉDIFICES DESTINÉS A LA RÉUNION DES SAVANTS, DES HOMMES DE LETTRES ET DES ARTISTES.

Dans la Grèce ainsi qu'à Rome, il n'y avait pas en général de lieux spécialement destinés à cet usage. Les savants, les philosophes s'entretenaient, tantôt dans les places publiques, tantôt sous les portiques qui les environnaient, tantôt dans les exèdres des gymnases, des palestres ou des thermes. Il paraît cependant qu'à Athènes les diverses classes de savants s'assemblaient plus volontiers dans l'Académie , lieu ainsi appelé du nom d'*Académus*, citoyen de cette ville , qui l'avait donné aux philosophes pour se rassembler et conférer ensemble. Mais ce lieu n'était point un édifice, c'était un terrain vaste , environné de murs, orné de promenades couvertes d'arbres, embellies par des ruisseaux qui coulaient sous leur ombrage, et sur les bords desquels on rencontrait tantôt une statue , et tantôt un autel consacré à quelque divinité.

Dans le beau climat de la Grèce, rien n'était plus propre qu'un semblable lieu pour tenir de telles assemblées. Mais sous le ciel pluvieux de la France, il faut des édifices clos et couverts pour la réunion soit des savants, soit des hommes de lettres, soit des artistes. Ces différentes classes étaient autrefois séparées sous le nom d'Académies. Depuis quelques années, on les a réunies avec avantage sous le nom d'Institut. C'est pour une réunion si intéressante que serait destiné l'édifice dont nous donnons le projet planche 9.

Il ne faut que jeter les yeux sur ce magnifique plan pour voir avec quelle exactitude et quelle simplicité toutes les convenances sont remplies, et pour juger en même temps du superbe effet qui résulterait de son exécution. L'Institut est divisé en trois classes ; un corps de bâtiment est affecté à chacune ; chaque classe est divisée en plusieurs sections ; chaque corps de bâtiment renferme plusieurs pièces qui ont chacune leur entrée particulière. Les diverses classes et les diverses sections devant communiquer entre elles, et se réunir toutes dans la pièce centrale les jours d'assemblée publique, une galerie intérieure leur en procure les moyens. Enfin, le public doit se rendre à certains jours dans cet édifice ; un corps de bâtiment semblable, à l'extérieur, aux trois autres, renferme des vestibules propres à l'introduire avec dignité dans la salle d'assemblée qui est placée au centre.

DES BIBLIOTHÈQUES.

Les noms des bibliothèques de Jérusalem, de Luxor, d'Alexandrie, etc., sont tout ce qui nous reste de ces magnifiques édifices. On sait seulement que sur la porte de celle qu'Osimanduée, roi d'Égypte, fit construire dans l'édifice immense qui devait lui servir de tombeau, ces mots étaient

écrits : *Remède de l'ame ;* belle inscription reproduite depuis
par Muratori dans la bibliothèque de Modène. La plupart
des bibliothèques existantes, n'ayant pas dans l'origine été
construites pour cet usage, sont peu propres à nous donner
des lumières sur la composition des édifices de ce genre.
Celle du Vatican, une des plus fameuses, n'offre de remar-
quable que les rangées de vases étrusques qui la décorent.
Les bibliothèques de Médicis à Florence, de Saint-Marc à
Venise, construites exprès, à la vérité, la première par
Michel-Ange, la seconde par Sansovino, ne doivent guère
leur célébrité qu'aux noms de leurs auteurs. La bibliothèque
d'Oxford, dont le plan est circulaire, et celle de Sainte-Ge-
neviève à Paris, disposée en forme de croix, au centre de
laquelle est une coupole, et qui est décorée de bustes de
grands hommes, ainsi que l'étaient la plupart de celles des
anciens, au rapport de Pline, méritent d'être distinguées.
Mais elles ne donnent encore qu'une idée bien incomplète
de ce genre d'édifice.

Une bibliothèque peut être considérée, d'une part, comme
un trésor public renfermant le dépôt le plus précieux, celui
des connaissances humaines; de l'autre, comme un temple
consacré à l'étude. Un pareil édifice doit donc être disposé
de manière à ce qu'il y règne la plus grande sûreté et le plus
grand calme. C'est d'après ces observations que l'on a composé le projet de bibliothèque que l'on verra planche 10.

Une enceinte aux angles de laquelle sont placés les logements des bibliothécaires, les corps-de-garde, et tous les
autres bâtiments où l'on peut avoir besoin de feu, sépare la
bibliothèque proprement dite, l'isole de tout autre édifice.
Sa construction, toute en pierre, achève de la défendre contre
le danger des incendies. A l'abri de toute atteinte extérieure
par sa disposition générale, la disposition particulière des

 56   DES ÉDIFICES PUBLICS.

salles de lecture, tendantes toutes vers un centre où seraient les bibliothécaires, assurerait l'ordre et faciliterait la surveillance dans l'intérieur. Les jours qui éclairent les salles venant du haut, en laissant le plus de surface possible pour les armoires qui renferment les livres, seraient en même temps les plus favorables au recueillement dont on a besoin. Enfin, les portiques qui environnent la partie principale de l'édifice, ainsi que les arbres dont le parvis est ombragé, offriraient des promenades couvertes et découvertes dans lesquelles on pourrait méditer ou s'entretenir avec autant de plaisir que de tranquillité.

DES MUSÉUM.

Dans les grandes villes il peut y avoir plusieurs Muséum, les uns destinés à renfermer les productions les plus rares de la nature, les autres à contenir les chefs-d'œuvre des arts. Dans les villes peu considérables, un même Muséum peut servir à-la-fois à ces divers usages. On pourrait même, pour plus d'économie, y réunir la bibliothèque. Mais quelle que soit l'étendue de ces édifices, quel que puisse être le genre des objets qu'ils doivent renfermer, la conservation et la communication d'un trésor précieux étant toujours le motif qui les fait élever, ces édifices doivent être composés dans le même esprit que les bibliothèques. Ce que nous avons dit de général à l'égard de celles-ci peut donc leur être appliqué; la seule différence qui devrait avoir lieu dans leur disposition est que les bibliothèques ne renfermant dans leur intérieur qu'un même genre d'objets, n'étant destinées dans toute leur étendue qu'à un même usage, une seule entrée peut leur suffire. La sûreté même l'exigerait, tandis que les Muséum, même ceux qui seraient uniquement des-

tinés à renfermer les productions des arts, contenant des
objets de différente espèce, étant composées de parties destinées à des études différentes, doivent, pour que le calme
qui doit régner dans chacune ne soit pas troublé, offrir,
outre l'entrée principale, autant d'entrées particulières qu'ils
contiennent de parties distinctes. On nous dira, peut-être,
que cette multiplicité d'ouvertures nuirait à la sûreté : on
peut voir dans le projet, planche 11, comment, au moyen
de vestibules communs, chaque partie serait parfaitement
dégagée, sans qu'il fût nécessaire d'ouvrir un grand nombre
de portes à l'extérieur. *Voyez* de plus les planches 15, 16,
17 et 18 du *Choix des projets.*

DES OBSERVATOIRES.

Ces édifices, destinés aux observations astronomiques,
doivent être placés sur une éminence, et avoir une certaine
élévation, afin que, des terrasses qui les terminent, on puisse
découvrir un horizon très-étendu. Sur ces terrasses doit
s'élever encore un donjon destiné à recevoir les instruments
d'astronomie. Le corps de l'édifice doit renfermer des salles
pour l'assemblée des savants, une bibliothèque, un cabinet
de physique, des logements pour le directeur, les divers
savants et les artistes attachés à l'établissement; un autre
pour le concierge, des laboratoires, des ateliers, des magasins, etc. Celui de Paris, bâtie par Perrault, sous le règne de
Louis XIV, offre un beau modèle en ce genre. *Voyez* le
Parallèle, planche 18. On trouvera aussi dans ce volume
une idée d'observatoire, planche 12; on verra dans l'un et
dans l'autre que la construction fait tous les frais de la
décoration.

DES PHARES.

Un phare n'est autre chose qu'une haute tour bâtie sur le

H

 bord de la mer. On allume dans la partie supérieure des feux
pour guider les vaisseaux pendant la nuit. Ces édifices ont
ordinairement pour base une plate-forme sur laquelle sont
placés de petits bâtiments destinés au logement des gardiens
chargés d'allumer et d'entretenir les feux.

Le plus célèbre est celui appelé *la Tour de Cordouan*,
bâti à l'embouchure de la Gironde, par Louis de Foix, en
1584. *Voyez* planche 25 du Parallèle. Cet édifice est décoré
de trois ou quatre ordres d'Architecture. Le projet de phare
que nous donnons ici, planche 12, n'offre à l'œil autre chose
que l'apparence de sa construction. Que l'on compare ces
deux édifices, on verra que le dernier a le caractère de ce
genre d'édifice, tandis que l'autre n'en a aucun.

DES HALLES ET MARCHÉS.

Souvent chez les anciens les marchés n'étaient autre chose
que les places publiques mêmes, tels que le Forum Boarium,
celui d'Auguste, de Trajan, de Nerva, etc.; quelquefois ils
ne composaient qu'une partie de ces places; mais, dans tous
les cas, ils offraient des lieux vastes, aérés, plantés d'arbres,
entourés de portiques, et dans lesquels d'abondantes fontaines entretenaient la fraîcheur et la propreté.

Rien ne ressemble moins aux marchés des anciens que
les marchés des modernes. La plupart se tiennent dans les
rues, qu'ils embarrassent et qu'ils infectent. Les marchands
et leurs denrées y sont exposés à l'injure de l'air, et se trouvent confondus pêle-mêle avec les voitures. Ceux même des
marchés qui sont bâtis exprès sont si mesquins, si mal situés, si peu dégagés, sont traités, en un mot, avec tant de
négligence, qu'ils dégradent autant les villes que les marchés antiques les embellissaient.

Tous les marchés modernes ne méritent pourtant pas ces reproches : il en est qui, à plusieurs égards, pourraient servir de modèles, tels que les halles d'Amiens, de Bruxelles, le marché au poisson de Marseille, ouvrage du célèbre Pujet, le marché de Florence, celui de Catane en Sicile ; édifices dont on trouvera les plans, planche 14 du Parallèle. On en construit en ce moment à Paris, qui, loin de ressembler en rien à nos anciens marchés, méritent les plus grands éloges, ainsi que la halle au vin et les abattoirs.

Quoique l'on se serve assez indifféremment des mots de halles et de marchés pour exprimer un lieu où l'on vend quelques marchandises, principalement des comestibles, on peut cependant entre ces deux espèces d'édifices remarquer cette différence, c'est que les marchés destinés la plupart à la vente du poisson, des herbes, des fleurs, des animaux de toute espèce, objets qui exhalent plus ou moins d'odeur, ont besoin d'être aérés, et par conséquent découverts. Dans tous les cas, ces marchés doivent être ouverts de tous côtés, ou du moins en partie. Les halles au contraire, destinées à la vente du blé, du vin, de la toile, des draps, etc., objets qui pourraient s'altérer à l'air, au soleil ou à la pluie, doivent toujours être couvertes et fermées.

La halle la plus célèbre est la halle au blé de Paris ; elle mérite cette célébrité à certains égards ; elle la mériterait encore plus, si l'on y avait mis moins de prétention. On peut s'en convaincre en la comparant au projet de halle que nous donnons, planche 13, dans lequel on n'en a mis aucune. En examinant ce projet, on remarquera un escalier qui, de la partie inférieure destinée à la vente journalière, conduit aux étages supérieurs, destinés à emmagasiner les grains et farines pour quelque temps. Cet escalier est disposé de telle manière que quatre personnes peuvent monter ou descendre

 à-la-fois sans se rencontrer, et par conséquent de manière
à empêcher toute espèce de confusion et d'embarras.

DES BOUCHERIES.

Cette espèce d'édifice, appelé *Macellum* chez les Romains,
est destiné à la vente de la viande. Une médaille de Néron
et les plans du Capitole sont les seuls monuments qui peuvent nous donner une idée de la manière dont ces édifices
étaient traités chez les anciens; encore cette idée est-elle bien
faible, vu la manière imparfaite dont les édifices sont représentés sur les médailles, et l'état de dégradation dans lequel
se trouvent les plans. Toute faible qu'elle est, elle suffit
néanmoins pour nous faire connaître l'esprit dans lequel
les anciens composaient ces édifices. A coup sûr, ils ne s'at-
tachaient pas à les rendre pompeux, et cependant on remarque cette dignité de disposition que l'on devrait y rencontrer toujours dans les édifices destinés à des usages publics.
On y remarque des colonnes, des portiques; la convenance
les exigeait.

Une chose bien importante que l'on peut remarquer encore dans les boucheries antiques, c'est que les tueries, au
lieu d'en faire partie, comme on le voit souvent chez nous,
en étaient absolument séparées. Dans le projet de boucherie
que l'on trouvera, planche 14, cet objet n'est pas présenté.
La propreté, la salubrité des villes et la sûreté même des
habitants exigent impérieusement qu'elles soient reléguées
à l'extrémité des faubourgs.

DES BOURSES.

Ces édifices, que l'on nomme encore *loge* ou *change*, sont
des lieux où s'assemblent les marchands, les agents de change

et les banquiers pour le commerce d'argent et de papiers publics. Chez les anciens, les basiliques en tenaient lieu, en réunissaient toutes les propriétés, et renfermaient tout ce qui avait rapport au négoce et aux gens d'affaires; chez les modernes, c'est quelquefois une place entourée de portiques et plantée d'arbres, telles que la bourse de Londres, bâtie par Inigo Jones, et celle d'Amsterdam, bâtie par Dankers, édifices qui méritent d'être examinés à cause de la simplicité de leur plan et du bon effet qui en résulte pour leur décoration : *voyez* la planche 18 du Parallèle. Le plus souvent ce sont des édifices consistant, au rez-de-chaussée, en plusieurs portiques, vestibules, corps-de-garde, salles et bureaux, tels que celui que nous offrons planche 14.

DES DOUANES.

Ces édifices sont destinés à percevoir certains droits sur les diverses marchandises qui arrivent dans un pays ou dans une ville, et à contenir quelques-unes de ces marchandises jusqu'au moment où le propriétaire vient les chercher. En conséquence, il faut au rez-de-chaussée des corps-de-garde, à l'entrée, des bureaux placés de manière que de ces bureaux on voie tout ce qui se passe dans la cour, des angars sous lesquels on puisse à couvert faire la visite des ballots; au premier étage, il faut des pièces pour l'administration, le logement du concierge, des magasins pour serrer les marchandises qui doivent rester à la douane un certain temps. La sûreté de ces marchandises exige que cet édifice soit entièrement voûté. De ce genre de construction, des diverses convenances qui exigent, au rez-de-chaussée, de grandes ouvertures, et au premier des ouvertures beaucoup moindres, résulterait tout naturellement la décoration de ce genre d'édifice, comme on peut le voir planche 14.

DES FOIRES.

Les foires sont des espèces de marchés dans lesquels, pendant certains temps de l'année, les marchands de dehors apportent leurs marchandises franches de droit. Les marchands des villes dans lesquelles ou près desquelles se tiennent les foires, viennent aussi y étaler tout ce qui a trait à l'agrément et à la parure des femmes. Comme parmi la multitude qui abonde dans ces lieux, il y a beaucoup de personnes qui ont de l'argent et du loisir, il s'est naturellement introduit dans les foires des spectacles de toute espèce, des jeux, des cafés, des restaurateurs, etc.; on peut donc considérer ces édifices comme des lieux destinés tout-à-la-fois au commerce et au plaisir.

D'après ce que nous venons de dire, un édifice de ce genre doit présenter trois parties distinctes. Premièrement, des lieux propres à la vente des grosses marchandises, des marchandises purement utiles, telles que les animaux, les cuir, les fers, les laines, etc.; en second lieu, des endroits destinés au commerce des objets qui ne sont en grande partie que de pur agrément, tels que les quincailleries, bijouteries, orfévreries, modes, etc.; enfin, ceux qui sont uniquement consacrés à l'amusement, tels que les vauxhalls, les théâtres, les billards, etc. La commodité des marchands qui, pour la plupart, sont loin de leur domicile, exige qu'au-dessus des boutiques il y ait des chambres pour les loger; et la sûreté de leurs marchandises exige également que toutes les parties couvertes de cet édifice soient voûtées. On doit encore avoir soin de faire entrer dans la composition des foires, ainsi que dans celle de tous les marchés, des corps-de-garde et des lieux où le magistrat chargé du maintien de l'ordre se tiendrait pour terminer les différends qui pourraient s'élever. Il n'est pas besoin de dire que toutes les parties découvertes des foires doivent être plantées d'arbres, ornées de fontaines, etc.

Dans le projet de foire que nous donnons, planche 15, on a cru devoir préférer la forme circulaire comme la plus favorable à l'espèce de promenade qui a lieu dans ces édifices; l'emploi de cette forme n'ayant d'ailleurs aucun inconvénient dans le cas dont il s'agit : car le diamètre de ce cercle étant très-grand, et les divisions de la circonférence très-nombreuses, les boutiques formées par ces divisions ne pourraient paraître sensiblement irrégulières malgré la tendance de leurs murs vers le centre.

Les bazars ou rues couvertes bordées de boutiques et éclairées par de magnifiques coupoles, édifices dont on voit un grand nombre dans les villes de Turquie, de la Perse et de tout l'Orient, peuvent, à plus d'un égard, servir de modèle dans la composition des foires. On trouvera le plan de quelques-uns de ces bazars, planche 14 du Parallèle.

DES THÉATRES.

Les Romains, chez qui la passion des spectacles était portée jusqu'à la fureur, en avaient de plusieurs espèces, tels que les jeux scéniques, ceux du cirque et ceux de l'amphithéâtre. Les jeux scéniques, qui offraient le double avantage de charmer l'esprit et les sens, qui faisaient passer dans l'ame les préceptes de la sagesse par l'organe du plaisir; ces jeux qui, loin d'étouffer la sensibilité, la portaient à son comble, étaient bien faits pour exciter le plus vif intérêt. Les jeux du cirque, consistant en des courses à pied, des courses de chevaux et de chars, précédées de sacrifices, annoncées par des pompes ou processions dans lesquelles on voyait successivement paraître les images des dieux, les chœurs de musique qui célébraient leurs louanges, les dépouilles enlevées sur les ennemis, enfin les magistrats qui devaient présider aux jeux; ces jeux étaient encore bien propres à faire naître les idées les plus nobles et les plus riantes. Quant à ceux de l'amphithéâtre, qui consistaient en des combats de gladiateurs et de bêtes féroces, ces jeux n'étaient guère plus propres à donner une heureuse idée de l'humanité et de la sensibilité des Romains, que les combats horribles qui se donnaient quelquefois entre plusieurs galères, dans l'arène humide et bientôt sanglante des naumachies.

Quoi qu'il en soit de la nature des spectacles des anciens, toujours est-il vrai que les édifices qui servaient à leur représentation, destinés tous au plaisir d'un grand peuple, étant construits avec la plus grande solidité, et disposés avec la plus grande noblesse, ainsi que cela devait être, tous devaient nécessairement avoir du *caractère* en général; que chacun de ces édifices, destiné à un genre de spectacle particulier, ayant, comme cela devait être, une forme particulière, offrait naturellement un *caractère* différent; que tous enfin étant disposés de la manière la plus convenable à l'objet particulier pour lequel ils étaient construits, il était impossible qu'il y en eût un seul qui n'eût pas son *caractère* propre. *Voyez* les planches 37, 39, 40 et 41 du Parallèle.

Les représentations théâtrales étant les seuls spectacles en usage chez les nations modernes, nous n'en dirons pas davantage sur les amphithéâtres, les naumachies et les cirques. Nous nous bornerons à parler des théâtres, édifices non moins fréquentés chez nous que chez les anciens.

Consacrés uniquement au plaisir, ces édifices doivent être si bien disposés, que l'on puisse goûter dans toute son étendue, et sans aucun mélange de trouble et d'inquiétude, celui que l'on y recherche. Les théâtres des anciens remplissaient parfaitement toutes ces conditions ; des masses de gradins, disposés en demi-cercle et couronnés par une superbe colonnade, offraient une foule de places d'où chacun pouvait également bien voir et bien entendre ; un immense proscenium placé en face procurait, par sa grande largeur, les moyens de donner aux décorations toute l'illusion possible, et à la représentation des pièces toute la pompe imaginable ; de vastes et nombreux escaliers, placés sous les gradins, avec lesquels ils communiquaient par des vomitoires, donnaient à trente mille spectateurs, que rassemblaient souvent les jeux scéniques, la facilité de sortir tous, pour ainsi dire, en un instant. Enfin, la construction de ces édifices, en pierre ou même en marbre, éloignait toute inquiétude du côté des incendies.

Si dans les théâtres antiques on s'est efforcé de réunir tous les avantages, il semblerait que dans les théâtres modernes on ait pris à tâche de rassembler tous les inconvénients. Dans la plupart, un quart au moins des spectateurs ne voit point ou voit mal ; le lieu de la scène, ou le théâtre proprement dit, quoique souvent plus profond qu'il n'est nécessaire, est toujours si restreint sur la largeur, qu'il n'est pas possible au décorateur de donner carrière à son génie, ni de présenter jamais aux yeux le spectacle de l'immensité. Enfin, ces édifices, dont la construction est telle qu'une étincelle suffirait pour les embraser, offrent néanmoins si peu de dégagement, les escaliers y sont si rares, si étroits, si difficiles à trouver, qu'après le spectacle il se passe toujours un temps considérable avant que la foule soit écoulée. Quels dangers ne court-on pas dans de semblables lieux, et quel plaisir peut-on y goûter !

I

Si la disposition des théâtres antiques était aussi convenable et aussi simple que la disposition des nôtres l'est peu, de même, et par une suite nécessaire, les premiers avaient un caractère de majesté et de grandeur dont manquent absolument les autres. On peut les comparer, planches 37 et 38 du Parallèle.

Le projet de théâtre que l'on verra, planche 16, ne diffère essentiellement des théâtres des anciens, qu'en ce que, au lieu d'être couvert par une simple banne comme l'étaient ceux-ci quand ils n'étaient pas entièrement découverts, il l'est par un comble en fer, genre de couverture qui ne serait rien moins qu'impraticable, nos plus grands théâtres ne renfermant jamais la sixième partie du monde que contenaient ceux des anciens, et n'ayant par conséquent pas besoin d'être à beaucoup près aussi vastes.

DES BAINS.

L'usage des bains est aussi essentiel à la santé qu'à la propreté ; il est d'ailleurs infiniment agréable. Aussi, chez la plupart des peuples anciens, outre les bains particuliers, trouvait-on, comme on le trouve encore chez tous les peuples modernes de l'Orient, une foule d'édifices publics destinés à cet usage. Dans la seule ville de Rome on en comptait jusqu'à quatre-vingts, dont quelques-uns occupaient un espace de plus de trente arpents. Indépendamment des bains chauds, qui firent donner à ces immenses édifices le nom de *thermes,* on y trouvait une foule de pièces destinées aux différents exercices du corps, aux délassements de l'esprit, aux amusements du peuple. De tous ces magnifiques édifices les thermes de Titus, de Dioclétien et de Caracalla sont les seuls dont il reste encore quelques vestiges. On pourra voir dans le Parallèle, depuis la planche 30 jusqu'à la planche 36, les restaurations que Palladio nous en a données. On trouvera aussi à côté celles que nous avons faites pour notre étude. En comparant les unes avec les autres, on pourra remarquer que, si les thermes des Romains, disposés en général avec tant de dignité, de noblesse, avaient été traités en même temps avec plus de simplicité dans toutes leurs parties, ils auraient encore gagné du côté de la magnificence.

Les bains dont nous donnons le projet, planche 17, sont supposés dans un vaste jardin, au bord d'une rivière. Ils sont séparés en deux parties, l'une pour les hommes, l'autre pour les femmes. Dans chacune, on trouve des bains couverts et découverts, publics et particuliers ; au milieu de tous est une immense pièce d'eau pour les promenades sur l'eau, les joûtes, les feux d'artifice : de tous côtés sont répandus des cafés, des restaurateurs, etc.

Qu'au lieu des bains ordinaires il s'agisse de bains d'eaux minérales, comme ceux qui s'y rendent, soit pour leur santé, soit pour leur plaisir, viennent souvent de fort loin et doivent y faire quelque séjour, outre les différents objets relatifs aux bains, il faudrait faire entrer, dans la composition générale d'un tel établissement, des corps de bâtiments destinés à l'habitation, un temple, une salle de spectacle, des salles de bal, de concert, de jeu, des cuisines, des écuries, des remises et autres accessoires.

DES HÔPITAUX.

Il en est de plusieurs espèces : les uns sont destinés à contenir les pauvres, tels que l'Hôpital général ; les malfaiteurs, tels que Bicêtre ; les femmes de mauvaise vie, les enfants trouvés, les fous, tels que la Salpêtrière, etc. ; les autres, à recevoir les malades de l'un et de l'autre sexe, tels que l'Hôtel-Dieu, la Charité, les Incurables, etc. Nous ne nous occuperons que de ces derniers, encore n'entrerons-nous pas dans tous les détails, ce qui exigerait un volume. Nous nous bornerons, ainsi que nous l'avons fait à l'égard des autres genres d'édifices, à faire connaître les convenances principales, et l'esprit dans lequel ces édifices doivent être composés.

De tous les édifices les hôpitaux sont ceux dans lesquels devrait régner le plus de salubrité; de tous les édifices ce sont cependant ceux dans lesquels, en général, on en rencontre le moins. Dans la plupart, toutes les salles réunies, tantôt aux angles d'un carré, tantôt au centre d'une croix, forment des foyers d'infection, non-seulement funestes aux personnes qui viennent dans ces lieux chercher du soulagement à leurs maux, mais encore aux habitants des villes dans lesquelles les hôpitaux sont inconsidérément renfermés. A l'égard de toutes les autres parties, ces édifices sont traités avec tant d'insouciance et de barbarie, et l'aspect qui résulte de la disposition du tout est tel, que le plus malheureux ne consent qu'à regret à se faire transporter dans ces lieux, qui semblent moins des édifices hospitaliers que des gouffres où vient s'engloutir l'humanité souffrante. Les hôpitaux de Milan en Italie, et de Plymouth en Angleterre, sont presque les seuls qui méritent quelques éloges.

Dans l'hôpital de Milan, l'un des plus célèbres d'Italie, bâti avec magnificence aux frais de Cottoni, riche citoyen de cette ville, on remarque avec plaisir de vastes et nombreux portiques, soutenus par des colonnes de marbre, qui, en établissant une communication entre les diverses parties de l'édifice, facilitent et assurent le service des malades, et procurent aux convalescents des promenades commodes et agréables, propres à hâter leur entier rétablissement. On applaudit au sentiment d'humanité qui dirigea le génie de l'architecte dans la disposition de ces différentes parties : mais on regrette en même temps que les salles n'y soient pas mieux coordonnées que dans la plupart des autres hôpitaux, sous le rapport essentiel de la salubrité.

L'hôpital de Plymouth, bâti avec non moins de soin, par Rovehad, en 1756, est de tous les hôpitaux le mieux disposé. Il offre quinze pavillons, éloignés les uns des autres, réunis au rez-de-chaussée par une colonnade qui règne autour d'une cour carrée. De ces quinze pavillons dix sont pour les malades, les cinq autres pour le service. La disposition de cet édifice est évidemment bien supérieure à celle de l'hôpital de Milan ; mais elle est cependant encore loin d'être parfaite. Chaque pavillon renferme à chaque étage deux salles accouplées, dans lesquelles par conséquent l'air ne peut pénétrer de toutes parts.

Les hôpitaux de la Roquette et de Sainte-Anne, hors de Paris, composés par M. Poyet, d'après le programme de l'Académie des Sciences, édifices commencés en 1788, et presque aussitôt abandonnés, auraient été de véritables modèles en ce genre, s'ils eussent été achevés. Ces hôpitaux réunissent tous les avantages de ceux de Milan et de Plymouth, sans en avoir aucun des inconvénients. On en trouvera l'idée, planche 18. Chaque salle, tant celles qui, d'un côté, sont destinées pour les hommes, que celles qui, de l'autre, sont destinées pour les femmes, est affectée à un genre particulier de maladie. Chacune de ces salles a dix mètres de large sur environ neuf mètres de haut. Derrière les lits, placés sur deux rangs dans chaque salle, se trouve un corridor d'un mètre, servant à les isoler du mur, à en dégager le service, à masquer les garde-robes placées derrière chaque lit dans le renfoncement des croisées, et dont le service se serait fait sans qu'il y parût dans des lieux d'aisance placés à l'une des extrémités de chacun de ces corridors.

Au-dessus de ces mêmes corridors, qui n'ont qu'un peu plus de deux mètres d'élévation, se trouve de chaque côté un rang de croisées au moyen desquelles les salles seraient parfaitement éclairées, et l'air parfaitement renouvelé. Les voûtes en brique qui couvrent les salles sont ouvertes à des distances convenables dans la partie supérieure.

A l'une des extrémités de chaque salle sont les escaliers qui du portique conduisent aux salles, et à l'autre extrémité les pièces de dessertes.

Le rez-de-chaussée, voûté comme les salles, serait destiné aux cuisines, offices, pharmacies, apothicaireries et autres accessoires, tels que bains, logements et réfectoires des sœurs, des médecins, des chirurgiens, etc. Dans l'intervalle qui sépare les divers corps de bâtiment sont des jardins plantés d'arbres, les buanderies, les étuves, le magasin aux huiles, la fabrique de chandelles, les boucheries, boulange-ries, bûchers ; en un mot, tous les lieux destinés à renfermer une grande quantité de matières combustibles sont placés loin des salles, le long des murs d'enceinte de ces hôpitaux.

Dans des hospices dont la disposition répondrait si parfai-tement à l'importance de leur objet, on ne craindrait plus de venir chercher des secours. Leur aspect seul, sinon magnifique, du moins noble et agréable, influerait sur l'efficacité des remèdes. En entrant dans de tels édifices, où tout annoncerait le respect que l'on porte à l'humanité, et surtout à l'humanité souffrante, on se sentirait soulagé du poids de la honte, fardeau souvent plus insupportable et plus accablant que celui du malheur même.

On pourra comparer ces derniers hôpitaux avec ceux que nous avons cités, planches 29 et 30 du Parallèle.

DES PRISONS.

Dans les grandes villes il devrait y avoir des prisons particulières pour chaque classe de détenus. L'humanité, la justice, et surtout l'intérêt des mœurs, ne permettent pas de renfermer dans une même enceinte, de confondre avec des criminels, des hommes emprisonnés pour dettes ou pour quelques fautes de jeunesse. Loin de corriger ces derniers, ce qui est le but que l'on se propose en les renfermant, ce serait les exposer au danger presque inévitable de devenir aussi méchants que les scélérats avec lesquels on les mettrait en contact, et risquer de les rendre encore plus nuisibles à la société qu'ils ne l'étaient auparavant. Dans les villes de peu d'étendue, où souvent il ne peut y avoir qu'une seule prison, il faut du moins qu'elle soit disposée de manière que les différentes espèces de prisonniers n'aient entre eux aucune communication. Dans tous les cas, les femmes doivent être entièrement séparées des hommes.

Dans quelque prison que ce soit, on doit apporter tous les soins imaginables pour la rendre salubre. La perte, même momentanée, de la liberté est déjà un assez grand supplice, sans y ajouter celui des maladies et de la mort qu'elles traînent souvent à leur suite, d'autant que, parmi ceux qui endurent le premier de ces maux, il en est souvent qui ne l'ont pas mérité.

Si la justice due aux prisonniers réclame ces attentions, l'intérêt de la société les commande impérieusement. Qui ne connaît la maladie appelée *fièvre des prisons,* et ses effets funestes? Les seuls exemples que cite John Hovard font frémir. Aux assises tenues dans la prison d'Oxford, en 1577, tous ceux qui y assistèrent, au nombre de trois cents, périrent en quarante heures. Il en arriva autant à Launton, en

1730. Vingt-cinq ans après, dans Axminster, petite ville du Devonshire, un prisonnier absous infecta sa famille et la ville entière. A Londres, en 1750, trois juges, le lord-maire et un nombre infini de personnes furent frappés de cette maladie et en moururent.

Dans le projet de prison que nous donnons, planche 19, et que l'on suppose être pour une grande ville, on a tâché de réunir la plus grande salubrité à la plus grande sûreté. Au moyen de l'enceinte qui éloigne la prison de toutes les maisons avoisinantes, elle se trouverait environnée d'une masse d'air considérable; les préaux seraient vastes, plantés d'arbres, rafraîchis et lavés par d'abondantes fontaines; aucune chambre n'étant placée au rez-de-chaussée, entièrement occupé par des portiques, toutes seraient exemptes d'humidité. Les infirmeries, placées dans des pavillons plus élevés que le reste de l'édifice, et en outre ouvertes sur toutes leurs faces, ne pourraient causer aucune incommodité dans les autres parties. Les prisonniers, n'étant réunis que pendant certaines heures du jour, soit dans les préaux, soit dans les ouvroirs ou chambres de travail, et le reste du temps étant renfermés chacun dans une chambre particulière dont la croisée donnerait sur le préau, ne pourraient former aucune entreprise pour s'échapper; et s'il s'en formait malgré cela quelqu'une, elle serait nécessairement sans succès, vu la position des quatre corps-de-garde placés au rez-de-chaussée, de l'intérieur desquels on pourrait apercevoir, pour ainsi dire, d'un coup d'œil tout ce qui passerait, soit à l'extérieur, soit dans l'intérieur, soit dans l'enceinte, soit sous les portiques. Les planches 19 et 20 du *Choix des projets* feront voir que le plus ou moins d'étendue d'un terrain ne doit influer en rien sur l'esprit dans lequel un projet doit être composé.

DES CASERNES.

Ce genre d'édifice, destiné au logement des gens de guerre, chez les anciens se nommait *castrum*, c'est-à-dire *camp*. Les Romains en construisirent un grand nombre, tant à Rome que dans les diverses provinces soumises à leur empire; mais de tous ces édifices, le camp de Pompéia, enseveli du temps de Titus sous les cendres du Vésuve, ainsi que tous les autres édifices de cette ville et de celle d'Herculanum, et que l'on n'a découvert qu'à la fin du siècle dernier, est le seul qui soit assez bien conservé pour nous donner quelque idée sur leur disposition générale.

Cet édifice avait la forme d'un carré-long. La cour, ou place d'armes, était environnée d'une galerie couverte, soutenue par des colonnes sans base. Cette galerie donnait entrée aux chambres des soldats, et servait en même temps de promenoir : derrière la partie du fond s'élevait un superbe théâtre.

Si les restes d'édifices de ce genre que l'on voit encore à Baïes et dans la ville Adrienne (ruines que l'on nomme *les cent chambres*), si ces restes, quoique encore très-considérables, ne peuvent rien ajouter à l'idée que nous venons de nous former de l'ensemble de ces édifices, d'après la description du camp des soldats de Pompéia, la restauration du camp prétorien à Rome, que nous a donnée Pirro Ligorio, pourra peut-être y suppléer. A la vérité, il ne reste plus maintenant de cet édifice qu'un seul angle de son enceinte ; mais du temps de cet auteur il est possible qu'il en existât davantage, et, nourri comme il l'était de l'étude de l'antique, il n'était pas besoin que cet édifice fût très-entier pour qu'il pût s'en faire une juste idée. D'ailleurs on remarque tant d'analogie entre la disposition des principales parties du

 74   DES ÉDIFICES PUBLICS.

camp prétorien et du camp de Pompéia, édifice que Pirro
Ligorio n'a pu connaître, ni par conséquent imiter, que cela
suffirait seul pour faire évanouir tous les doutes que l'on
pourrait avoir sur l'exactitude de cette restauration.

Cet édifice, aussi considérable par son étendue que le
camp de Pompéia l'est peu, est composé d'une double enceinte : la première, destinée au logement des soldats ; la
seconde, au logement de leurs chefs. Au-devant des chambres sont des galeries servant de communication et de promenade : chaque enceinte offre des étages de chambres et
de galeries. De distance en distance, l'enceinte extérieure est
flanquée de tours carrées qui s'élèvent plus haut que la
muraille, et dans lesquelles sont placés alternativement des
escaliers, pour monter aux chambres et aux galeries du premier étage, ainsi que sur les terrasses, et des pièces qui
servaient vraisemblablement de cuisines, de latrines, etc. A
l'extérieur de la seconde enceinte, on trouve des exèdres
ou lieux ouverts et couverts, dans lesquels les vieux soldats
se rassemblaient pour s'entretenir de leurs combats et de leurs
victoires. Au centre de cette seconde enceinte, s'élève un magnifique temple consacré à Auguste, et dans lequel le conseil
tenait ses assemblées.

Que cet édifice ait été disposé précisément de cette manière, ou qu'il l'ait été d'une autre, toujours est-il vrai que
la connaissance de cette belle restauration ne peut qu'être
infiniment avantageuse pour l'étude de l'architecture en général, et qu'elle donne en particulier, d'un édifice destiné
au logement des soldats, une idée bien plus exacte et bien
plus satisfaisante que celle que l'on pourrait s'en former d'a-
près la plus considérable et la plus célèbre de nos casernes,
l'hôtel des Invalides. Si l'on excepte la cour principale, laquelle est environnée de portiques assez convenables, on ne

trouve dans tout cet édifice, au lieu de ces galeries vastes et
aérées du camp prétorien, et même du petit camp de Pompéia, que des corridors étroits et d'une longueur infinie,
compris entre deux rangs de chambres, uniquement éclairés
par les deux bouts, conséquemment obscurs, infects, incom-
modes, et même dangereux. Quelle différence entre ces deux
dispositions! quelle différence aussi entre l'aspect triste et
accablant de l'hôtel des Invalides et celui des camps des anciens, si propres par leur noblesse à élever l'ame, à entretenir le courage des guerriers! *Voyez* tous ces édifices, planches 26 et 27 du Parallèle.

Le projet de casernes que l'on trouvera, planche 20, composé en l'an VIII, par un adjoint au génie militaire, chargé
du casernement pour Paris (ces casernes étant destinées
pour la cavalerie), doit présenter nécessairement une disposition différente de celles des édifices antiques dont nous
avons parlé. Ces édifices, destinés pour l'infanterie, doivent
offrir un tout autre aspect; mais il est facile de remarquer
que ces casernes étant exécutées dans le même esprit, leur
aspect, quoique différent, ne serait ni moins imposant, ni
moins noble.

Il serait à désirer que les casernes, les prisons et les hôpitaux fussent toujours placés sur le bord d'une rivière dans
laquelle déboucherait l'aquéduc qui recevrait les immondices
provenant de leurs différentes parties.

TROISIÈME SECTION.

DES ÉDIFICES PARTICULIERS.

Les édifices particuliers diffèrent des édifices publics de
la même manière qu'un édifice public diffère d'un autre
édifice du même genre, c'est-à-dire par l'usage auquel on
les applique. Le but de l'architecture dans la composition
des édifices particuliers est le même que dans la composition des édifices publics, l'utilité. Les moyens qu'elle emploie
pour l'atteindre sont encore les mêmes, la convenance et
l'économie. Des éléments semblables concourent à la formation des uns et des autres. Ils doivent par conséquent
être traités tous d'après les mêmes principes, et le mécanisme de leur composition ne doit pas être différent. La
distribution, que dans tous les cours d'architecture on dis-
tingue, on sépare, on isole de la décoration et de la construction (distinction qui, comme nous l'avons fait voir dans
notre introduction, est bien peu propre à former de bons
décorateurs, de bons distributeurs, de bons constructeurs,
et, à plus forte raison, de bons architectes), n'est donc
autre chose que l'art de disposer les édifices particuliers de
la même manière que doivent être disposés les édifices publics, c'est-à-dire de la manière la plus convenable et la
plus économique possible. Si l'on est bien pénétré des vrais
principes de l'architecture, si l'on est bien familiarisé avec
les diverses combinaisons des éléments des édifices, en d'autres termes avec le mécanisme de la composition, on n'aura

plus autre chose à faire, lorsqu'on voudra s'occuper des
édifices particuliers, que d'étudier leurs convenances. On
conçoit qu'on les remplira d'autant mieux, qu'après avoir
bien étudié les principes, on en aura fait des applications
plus nombreuses. Cet exercice doit même être d'autant plus
recommandé, que, si les convenances sont plus uniformes
dans les édifices particuliers, destinés à l'habitation, que dans
les edifices publics, destinés à des usages différents, en re-
vanche elles sont infiniment plus multipliées dans chacun
des premiers, et cependant les moyens d'y satisfaire ordinairement plus restreints. Nous croyons donc devoir non-
seulement faire connaître les convenances générales de ce
genre d'édifice, mais encore fixer quelques instants l'attention des élèves sur les principales espèces d'édifices particuliers.

DES MAISONS PARTICULIÈRES A LA VILLE.

La plupart des édifices particuliers que l'on élève dans les
villes offrent, dans leur composition, quelques difficultés que
l'on ne rencontre que rarement dans les édifices de même
genre que l'on construit à la campagne. Les terrains sur
lesquels on élève ceux-ci sont généralement plus étendus et
plus libres. Rien n'empêche par conséquent d'isoler ces édifices, de les écarter de tous côtés, de séparer les bâtiments
accessoires du principal corps-de-logis, de disposer l'ensemble de la manière la plus simple en elle-même. Les terrains au contraire sur lesquels on bâtit des maisons particulières dans les villes sont en général plus ou moins resser-
rés, presque toujours compris entre deux murs mitoyens,
souvent très-irréguliers. Il faut cependant que les conve-
ances de ces édifices, lesquelles diffèrent peu de celles des
maisons de campagne, soient également observées. On sent

que, pour y parvenir malgré ces obstacles, on ne doit plus chercher à disposer l'ensemble de ces édifices de la manière la plus simple en elle-même, et qu'on doit se borner à le disposer de la manière la plus simple possible relativement aux localités. Ces nouvelles dispositions peuvent varier infiniment; mais il suffira de faire connaître les principales.

DES DIVERSES DISPOSITIONS GÉNÉRALES DES MAISONS A LA VILLE.

Selon les convenances et l'étendue plus ou moins considérable du terrain, une maison particulière à la ville peut n'être composée que d'un seul corps-de-logis, donnant d'une part sur la rue, de l'autre sur une cour; elle peut l'être d'un corps-de-logis sur la rue et d'un autre au fond de la cour; il peut entrer dans sa composition une aile et quelquefois deux; enfin, la cour peut être environnée de bâtiments de toutes parts.

Au lieu d'être placé sur la rue, le principal corps-de-logis peut l'être entre cour et jardin : à cette nouvelle disposition on peut joindre toutes celles que nous venons de faire connaître. Enfin, une maison peut ne renfermer qu'une cour, si le terrain est petit; elle peut en avoir deux, si son étendue est médiocre; elle pourra en avoir trois, et même davantage, si le terrain est assez considérable.

DES DIVERSES DIVISIONS DES DIFFÉRENTS CORPS-DE-LOGIS.

Un corps-de-logis peut être simple, semi-double, double ou triple. Il est simple, lorsque dans son épaisseur il ne renferme qu'une seule pièce; semi-double, lorsqu'il con-

tient une grande pièce et une petite ; double, lorsque son
épaisseur se compose de deux grandes pièces ; enfin triple,
lorsqu'il se compose de trois. Les corps-de-logis principaux
peuvent être divisés de toutes ces manières. Mais il est rare
que les ailes puissent être autres que simples ou semi-dou-
bles, étant presque toujours adossées à des murs mitoyens
dans lesquels on ne peut pratiquer que de faux jours, appelés *jours de coutume*, et dans lesquels même cela ne se
peut souvent pas. Relativement à tout ce que nous venons
de dire, *voyez* la planche 21.

DES DIFFÉRENTS APPARTEMENTS.

Un corps-de-logis quelconque peut n'être composé que
d'un seul appartement. Il peut l'être de plusieurs. Un appartement ordinaire, d'après nos usages, doit être composé au
moins de cinq pièces, d'une antichambre servant de salle à
manger, d'un salon de compagnie, d'une chambre à coucher,
d'un cabinet, et d'une garde-robe. Il en est d'autres dans lesquels la convenance exige un vestibule, plusieurs antichambres, les unes pour contenir les domestiques tant du dedans
que du dehors, les autres pour recevoir les personnes qui
viennent visiter le maître ; une salle à manger particulière
accompagnée d'une salle de buffet, un sallon, une chambre
à coucher, plusieurs cabinets suivis d'un arrière-cabinet, et
d'un serre-papiers, des garde-robes de propreté, d'autres
pour le linge et les hardes, un cabinet de toilette, un boudoir, des bains composés souvent, outre la salle de bain
proprement dite, d'une petite antichambre, chambre à coucher, étuve, etc. Enfin, il est des appartements plus considérables encore, dans lesquels, indépendamment de toutes
les pièces dont nous venons de parler, il doit y avoir plusieurs salons, une galerie, une chambre de parade, une

bibliothèque, une chapelle, une salle de spectacle, une de concert, une de bal, des salles de billard et autres jeux, des cabinets d'histoire naturelle, de tableaux, d'antiques, etc.

Telles sont les pièces qui entrent dans la composition des appartements ; et tel est, à-peu-près, l'ordre dans lequel les plus usuelles ont coutume de se succéder.

Tout appartement doit être dégagé, c'est-à-dire disposé de manière que, pour en sortir, soit par le vestibule, soit par l'une des antichambres, on ne soit pas obligé de revenir sur ses pas et de parcourir une seconde fois la plupart des pièces que l'on a déjà traversées. Les chambres à coucher, les cabinets et les garde-robes sont les pièces qui ont le plus besoin de dégagement. La plupart du temps les garde-robes en servent.

Lorsque dans le même étage un corps-de-logis renferme plusieurs appartements qui ont entre eux des rapports, tels, par exemple, que l'appartement du mari et celui de la femme, il faut que le tout soit disposé de façon que le vestibule, les antichambres et même le salon soient communs à ces divers appartements.

Lorsqu'un corps-de-logis est composé de plusieurs étages, il faut nécessairement un escalier pour communiquer de l'un à l'autre. Lorsquec et escalier n'est pas placé dans le vestibule même, il doit l'être en face ou à droite de cette pièce. On le place à gauche seulement lorsqu'on ne peut faire autrement.

Le levant est la meilleure exposition pour les pièces qui sont le plus constamment habitées. Le nord est la plus mauvaise.

DES DIVERS ACCESSOIRES DES APPARTEMENTS.

Dans les maisons particulières qui ne peuvent être composées que d'un seul corps-de-logis, on place les domesti-

que dans les combles; et les écuries, les remises, les cuisines
et offices au rez-de-chaussée. Quelquefois même on met ces
dernières dans un étage souterrain au niveau des caves.
Dans les maisons où l'on peut pratiquer des ailes ou d'autres
corps de bâtiment, soit sur la rue, soit au fond de la cour,
on y place ces différents accessoires, ou du moins ceux d'où
il se répand un bruit ou une odeur incommode. Enfin, dans
des maisons encore plus considérables, on relègue les cuisines et offices dans une cour particulière, les écuries et
remises dans une autre, afin que la cour principale soit toujours propre et libre.

A l'entrée de la cour principale, on ménage un logement
pour le portier. On place les greniers à fourrage, les chambres de cochers, palefreniers, etc., au-dessus des écuries et
remises; les cuisiniers, les chefs d'office, et la plupart des
autres domestiques, au-dessus des cuisines. Quant aux
femmes-de-chambre et valets-de-chambre, on les loge dans
des entre-sols pratiqués dans le principal corps-de-logis au-
dessus des garde-robes et autres petites pièces.

Les cuisines sont ordinairement accompagnées d'un garde-
manger, d'un lavoir, d'un bûcher et d'un commun où man-
gent les domestiques. Elles le sont même quelquefois d'une
rôtisserie, d'une pâtisserie, etc. La meilleure exposition pour
les cuisines est le nord.

L'office doit être accompagné d'une pièce où se dressent
les desserts, d'un fruitier et de plusieurs autres pièces pour
serrer les sucreries, l'argenterie, les porcelaines. Les offices
doivent être exposées au levant.

Les écuries sont simples ou doubles. Une écurie simple
doit avoir quatre mètres de largeur. Une double doit en avoir
un peu plus de sept; et quand elle a une certaine longueur,
il ne faut pas lui en donner moins de neuf à dix. L'espace

L

 qu'occupe chaque cheval en largeur est d'environ un mètre
et un quart. Les jours des écuries, pour être convenables,
doivent tomber sur la croupe des chevaux. Lorsque absolument cela ne se peut pas, il faut au moins que le bas des
croisées soit élevé de trois mètres et un tiers au-dessus du
sol de l'écurie. Dans les grandes maisons, il y a plusieurs
écuries, les unes pour les chevaux de carrosse, d'autres pour
ceux de main, pour les chevaux malades, enfin pour les
chevaux étrangers. Quel que soit leur usage, les écuries doivent être exposées au levant, du moins autant que cela est
possible.

Les remises, au contraire, doivent être placées au nord. Il
y a des remises simples; il y en a de doubles. Les premières
doivent avoir trois mètres de largeur; les secondes cinq et
un quart. Quand on ne relève pas le timon, les remises ont
sept mètres de profondeur; et quand on le relève, cinq
mètres : toutes doivent avoir quatre mètres de hauteur.

Les écuries et les remises doivent être accompagnées d'une
piece pour serrer les harnais, d'une sellerie, d'une cour à
fumier débouchant sur la rue; enfin, les latrines pour les
domestiques.

Nous n'en dirons pas davantage sur les maisons particulières à la ville; les planches 22, 23, 24, 27 et 28, qui en
représentent un assez grand nombre, disposées de différentes
manières, étant plus propres à familiariser les élèves avec
cette espèce d'édifice que tout ce que nous pourrions ajouter.
Voyez de plus le *Choix des projets*, planches 11 et 12.

DES TERRAINS IRRÉGULIERS.

Souvent des terrains sur lesquels on doit élever des maisons particulières dans les villes sont irréguliers. L'irrégularité dans les différentes parties d'une maison serait non-seulement une chose choquante pour l'œil, mais encore très-

incommode pour l'usage. Pour éviter ces inconvénients, après
avoir pratiqué autant de pièces irrégulières que l'irrégularité
du terrain le permet, on corrige l'irrégularité des parties
restantes, soit par des plans coupés, soit par des parties
circulaires. *Voyez* la planche 25, et les planches 13 et 14 du
Choix des projets.

DES MAISONS A LOYER.

Les maisons à loyer sont destinées à loger plusieurs indi-
vidus ou plusieurs familles. Un propriétaire, qui a souvent
sa maison particulière, ne fait guère élever celle-ci que pour
en tirer un revenu. Pour que ce revenu soit assuré, autant
que possible, dans tous les temps et dans toutes les circonstances, il faut que ces maisons soient disposées de manière
que toutes les pièces de chacun des appartements qu'elles
renferment puissent à volonté se louer ensemble ou séparé-
ment. Les deux projets de la planche 25, et le second de la
planche 26, offrent cet avantage. On ne le trouve pas dans
celui qui est à côté de ce dernier.

DES MAISONS DE CAMPAGNE.

S'il est quelque lieu où l'on puisse se flatter de trouver le
bonheur, c'est incontestablement dans une maison de campagne agréablement située, loin du tracas des affaires, du
tumulte des villes, des vices inséparables des sociétés trop
nombreuses. Dans ces paisibles demeures, on jouit du
plus doux repos; on se livre sans distraction aux douceurs
de l'étude; on s'abandonne sans contrainte aux charmes de
l'amitié; on s'enivre avec délices du magnifique spectacle de
la nature.

Aussi les Grecs et les Romains, ces peuples si avides de
jouissances, et si capables de les apprécier, malgré leur pas-

84   DES ÉDIFICES PARTICULIERS.

sion pour différents spectacles, préféraient-ils les simples
amusements de la campagne aux représentations théâtrales
les plus pompeuses, aux fêtes les plus brillantes des capitales.
C'est pourquoi, autant leurs maisons à la ville étaient res-
treintes et négligées, autant leurs maisons de campagne
étaient vastes et recherchées. Celle d'Hérode Atticus, sur le
mont Pentélique, de la cime duquel se précipitaient des
ruisseaux qui, après avoir serpenté dans les bois, allaient se
perdre dans le fleuve Céphise ; l'Arpinate de Cicéron, élevé
sur les bords du Tibre, dans l'endroit où ce fleuve forme
une petite île, et d'où l'on aperçoit les plus belles cascades
naturelles ; son Tusculanum, qui avait appartenu à Sylla,
maison ornée des portraits d'une foule de grands hommes,
et des chefs-d'œuvre de sculpture les plus rares de la Grèce ;
la ville Adrienne, ou maison de campagne d'Adrien à Tivoli,
dans laquelle il avait fait représenter en grand tous les édifice qu'il avait vus dans ses voyages : toutes ces demeures
étaient autant de lieux enchantés. Les unes ont entièrement
disparu, les autres ne présentent plus que des monceaux de
ruines. Les descriptions que Pline a faites de son Laurentin
et de sa maison de Toscane sont les seuls monuments qui
peuvent nous faire connaître l'esprit dans lequel les maisons
de campagne des anciens étaient composées ; mais ces riches
débris sont bien faits pour nous guider dans la composition
des nôtres.

Pline à Apollinaire.

« . . . .

« Rien de plus beau que la position du pays. Imaginez un
immense amphithéâtre, tel que la main de la nature seule
peut en former. Une large et vaste plaine est environnée de
montagnes, dont le sommet est couronné par de hautes
et antiques forêts où l'on trouve des chasses de plus d'un

genre. La seconde région est de bois-taillis, qui s'étendent
sur le penchant de la montagne; ils sont entremêlés de col-
lines dont le sol est un terrain gras, qui ne le cède point
aux plaines les plus fertiles. Les moissons, pour y être tar-
dives, n'en sont ni moins dorées, ni moins abondantes. Plus
bas, et dans tous les sens, se déploient au loin de longs
coteaux de vignes, dont la partie inférieure est bordée d'arbustes. Les champs et les prairies terminent l'horizon.

« Les prés sont émaillés de fleurs, remplis de trèfle et
d'autres herbes toujours fraîches et toujours renaissantes.
Des ruisseaux intarissables y entretiennent une abondance
perpétuelle. Cette grande quantité d'eau ne produit pourtant
pas de marécages, ce qu'on doit à la pente du terrain qui
décharge dans le Tibre tout le superflu qu'il n'absorbe point.

« Le coup d'œil de tout ce pays du haut de la montagne
vous enchanterait. La variété des point de vue, la diversité
des sites, de quelque côté qu'on se tourne, charment telle-
ment les yeux, qu'on croit voir, non pas des terrains natu-
rels, mais des tableaux où tout serait exprès composé pour
le plaisir du spectateur.

« Ma maison, quoique située au bas de la colline, jouit de
cette belle vue, comme si elle était au sommet. On y arrive
par une pente insensible et si douce, que l'on se trouve élevé
sans s'être aperçu qu'on montait. L'Apennin est derrière elle
à une grande distance. Par les jours même les plus sereins,
ces montagnes lui envoient des vents habituels, mais dont
le souffle, rompu et affaibli par l'éloignement, n'a rien de
rude ni d'impétueux. Sa principale exposition regarde le
midi. En été, vers le milieu du jour, l'hiver un peu plus tôt,
elle semble inviter le soleil, qu'elle reçoit sous un large portique d'une longueur proportionnée.

« Ma maison est composée de beaucoup de corps-de-logis;
j'y ai jusqu'à un atrium ou vestibule, à la manière des an-

ciens. En avant du portique est un parterre entre coupé de plusieurs allées et bordures de buis. Il se termine par un talus en pente douce, où sont taillées en buis différentes figures d'animaux. Autour est une allée bordée d'une haie de verdure. De là on passe à la promenade couverte, faite en forme de cirque. Il faut voir ensuite le tapis vert, aussi beau par la nature, que le reste l'est par l'art, les champs, les vergers et les prairies adjacentes.

« Pour revenir au corps-de-logis, l'extrémité du portique aboutit à une salle de festin dont les portes ont vue, d'une part, sur l'extrémité des parterres; et les fenetres, de l'autre, sur les prairies et les champs. Elles voient encore les côtés du parterre et la cime des arbres dont est environné l'hippodrome. A peu près vers le milieu du portique est un appartement tournant autour d'une petite cour qu'ombragent quatre platanes, au milieu desquels est un bassin de marbre dont les eaux jaillissantes entretiennent, par une douce rosée, la fraîcheur et la verdure des arbres et des gazons qui sont dessous. Cet appartement est composé d'une chambre à coucher, aussi impénétrable au jour qu'inaccessible au bruit, d'un salon d'amis dont on use journellement, d'un portique qui donne sur la petite cour et qui a la même vue que le précédent, d'une autre chambre voisine de l'un des platanes dont elle reçoit l'ombre et la verdure. Ce lieu est revêtu de marbre jusqu'à hauteur d'appui. Le reste des murs est orné de peintures qui ne le cèdent point à la beauté des lambris. Ce sont des feuillages au milieu desquels se jouent des oiseaux de toute couleur. Le bas est occupé par un bassin. L'eau s'y répand d'une soucoupe, autour de laquelle sont disposés plusieurs jets dont la confusion produit un murmure des plus agréables.

« D'un coin du portique on passe dans une vaste pièce qui est vis-à-vis la salle à manger; elle a vue d'un côté sur le

parterre, de l'autre sur la prairie. Ses fenêtres donnent im-
médiatement et plongent sur un canal où se précipite en
écume une nappe d'eau dont la blancheur se confond avec
l'éclat du marbre qui la reçoit, et flatte à la fois l'œil et
l'oreille.

« La pièce dont je viens de parler est excellente l'hiver,
parce que le soleil y entre de toute part. Si le ciel est couvert, on échauffe l'étuve voisine dont l'influence remplace
celle du soleil.

« On trouve ensuite la pièce des bains qui sert à se désha-
biller. Elle donne entrée à la chambre fraîche où l'on trouve
une vaste baignoire en marbre noir. Dans le milieu est creusé
un bassin où l'on descend, si l'on veut se baigner plus à
l'aise et plus chaudement. A côté de la salle fraîche, est la
salle tempérée que le soleil échauffe beaucoup, moins cependant que la salle chaude qui est fort en saillie. Au-dessus de
la pièce où l'on se déshabille, est le jeu de paume, où l'on
peut prendre différentes sortes d'exercices. Près du bain est
un escalier qui mène à la galerie souterraine, et auparavant
à trois cabinets, dont le premier a vue sur la cour des platanes, le second tire son jour du côté du tapis vert, le troisième donne sur des vignes. Au bout de la galerie, on a pris
une chambre d'où l'on découvre l'hippodrome, les vignes et
les montagnes. On y a joint une autre pièce fort exposée au
soleil, surtout l'hiver. Là commence un corps-de-logis qui
joint l'hippodrome au reste de la maison. Telle est la façade
et son aspect.

« A l'un des côtés qui regarde le midi, se présente une
galerie haute, d'où l'on voit les vignes de si près, qu'on
croirait y toucher. Vers le milieu est une salle de festin qui
reçoit de l'Apennin l'air le plus salubre. Elle a vue de toute
part sur les vignes, d'un côté par ses fenêtres, de l'autre par
ses portes. Mais au travers de la galerie, dans le côté qui n'a

point de fenêtres, est pratiqué un escalier de dégagement très-commode pour le service de la table. A l'extrémité est une pièce à laquelle la galerie procure un aspect aussi agréable que celui des vignes. Sous la galerie précédente vous en trouvez une souterraine, qui est comme une véritable grotte. L'air extérieur ne saurait y pénétrer ni en changer la température. Après ces galeries, et du point où aboutit la salle de festin, commence un portique où le soleil règne jusqu'à midi, ce qui la rend aussi agréable les matins d'hiver que les soirées d'été. Il mène à deux petits corps-de-logis composés de trois à quatre pièces, et qui, selon que le soleil tourne, reçoivent successivement de l'ombre et de la clarté.

« C'est en avant de cette charmante façade que se présente et se développe au loin l'hippodrome. Il est ouvert par le milieu : en y entrant, l'œil en découvre, du premier coup, toute l'étendue. Son enceinte est formée de platanes entrelacés de lierre, et entre lesquels sont des lauriers. L'hippodrome est en ligne droite; mais à son extrémité il change de forme et s'arrondit en demi-cercle. Des arbustes en forme de bornes et des arbres fruitiers alternativement rangés environnent les plates-bandes. Cette régularité de plantation se trouve ainsi interrompue par des arbres venus comme naturellement et au hasard, et dont l'heureuse négligence corrige la monotonie de l'art.

« A l'extrémité, une treille soutenue par quatre colonnes de marbre de Caryste ombrage une salle de festin champêtre dont la table et les lits sont de marbre blanc. De dessous les lits, l'eau s'échappe en différents jets comme pressée par le poids des convives; elle est reçue dans un bassin de marbre poli qu'elle remplit sans jamais déborder, au moyen d'un tuyau de décharge invisible. Quand on mange dans ce lieu, les plats les plus forts et le principal service se rangent sur les bords du bassin. Les mets les plus légers se servent

sur l'eau, et voguent autour sur des plats faits en forme de
barques ou d'oiseaux. En face, jaillit une fontaine qui reçoit
et renvoie sans cesse la même eau. Après s'être élevée,
cette eau retombe sur elle-même; et, parvenue à des issues
pratiquées, elle se précipite pour s'élancer de nouveau dans
les airs. La salle champêtre et la pièce dont je viens de
parler sont en regard, et s'embellissent de leur aspect réci-
proque. Cette dernière est très-belle et brille des plus beaux
marbres. Les portes, les fenêtres sont de toute part cou-
ronnées de verdure. Auprès, est un autre petit appartement
qui semble s'enfoncer dans la même chambre, et cependant
en fait partie : on y trouve un lit. Malgré la multiplicité des
fenêtres, le jour y est modéré, presque caché par l'épaisseur
d'une treille qui monte en dehors le long des murs et arrive
jusqu'au comble. Vous croiriez être ici, et reposer sous un
bosquet avec l'avantage encore d'y être à l'abri de la pluie.
Ce lieu a aussi sa fontaine, qui disparaît dès sa source : des
siéges de marbre, placés en divers endroits, ici, comme dans
la pièce précédente, invitent à se délasser de la promenade.
Auprès de chaque siége, sont de petits bassins. Le long de
l'hippodrome vous trouvez des ruisseaux dont l'eau, docile à
la main qui la conduit, serpente en murmurant dans les
rigoles qui la reçoivent, et sert à entretenir la verdure par
des irrigations, soit d'un côté, soit de l'autre, soit partout
à la fois.

Pline à Gallus.

« . . . .

« Ma maison est spacieuse et commode, sans être d'un
trop grand entretien. On trouve en premier un vestibule ou
atrium qui n'est ni somptueux, ni trop simple ; ensuite une
cour petite, mais riante, ornée de portiques circulaires. C'est

M

un excellent abri contre les mauvais temps : on est défendu par des vitraux, et encore par l'avance des toits qui la couvrent. Du milieu de ces portiques vous passez dans une grande cour fort gaie, et dans une belle salle de festin qui s'avance sur le rivage de la mer, dont les vagues viennent doucement mourir au pied du mur. De toute part, cette pièce est percée de portes, et de fenêtres égales à des portes, de manière qu'en face et de deux côtés il semble que l'on ait vue sur trois mers différentes. A l'opposite, l'œil retrouve la grande cour, la petite environnée de portiques, les portiques de l'atrium, et dans le fond les forêts et les montagnes lointaines. A la gauche de cette salle, et un peu plus en retraite, est une chambre fort grande, suivie d'une pareille, percée de deux côtés, de manière à recevoir les premiers rayons du soleil, et à jouir aussi de ses derniers regards. De celle-ci, on jouit aussi de l'aspect de la mer; de moins près à la vérité, mais d'une manière plus calme. Cette chambre et la salle à manger forment un angle où le soleil se concentre et double sa chaleur.

« C'est l'endroit que mes gens fréquentent l'hiver, et dont ils font leur gymnase. Ce lieu d'exercice ne connaît d'autres vents que ceux qui, par quelques nuages, troublent plus la sérénité du ciel que le calme dont on y jouit. A l'angle, est pratiquée une chambre ronde et voûtée, dont les fenêtres suivent le cours du soleil. Dans l'épaisseur des murs sont des armoires, en forme de bibliothèque, qui renferment une collection choisie de mes livres les plus usuels. De là vous passez dans des chambres à coucher par un corridor dont le plancher suspendu est formé de dalles. Par ce souterrain, circule et se communique de toute part la chaleur du feu qu'on y entretient, et qui se trouve heureusement tempérée. Le surplus des chambres de cette aile est à l'usage

des affranchis et des esclaves : la plupart sont d'une si grande
propreté, qu'on en ferait des chambres d'ami.

« L'autre aile est composée d'une fort belle chambre, et
d'une seconde qui peut faire une moyenne salle d'assemblée.
Celle-ci reçoit la plus grande clarté des rayons du soleil et
de la réverbération de la mer. Vient ensuite une antichambre qui donne entrée dans une grande pièce très-
exhaussée, bien close, abritée, et par là aussi fraîche l'été
que chaude en hiver. On passe de là au bain froid : c'est
une grande et vaste salle : de chaque côté du mur, et en face
l'un de l'autre, sont pratiqués deux grands bassins circulaires où l'on peut nager si l'on veut, sans aller plus loin.
Tout auprès, est l'étuve pour se parfumer, et la chambre
tiède. Viennent ensuite deux autres salles plus élégantes que
riches, et attenant à elles. Le bain chaud est si avantageu-
sement situé, qu'en se baignant on découvre la mer. Assez
près de là, est le jeu de paume, exposé à la plus grande
ardeur du soleil couchant. D'un côté, s'élève une tour qui
contient deux cabinets au rez-de-chaussée, deux autres semblables dans l'étage supérieur; et au-dessus, une salle d'assemblée, d'où l'on découvre la vaste étendue de la mer, toute
la longueur de la côte, et les charmantes maisons qui l'embellissent de l'autre côté. Une tour semblable contient une
chambre percée au levant et au couchant; dans le haut, une
serre très-ample et un grenier, qui occupent le dessus d'une
grande salle de festin, où le bruit de la mer agitée se fait
entendre à la vérité, mais bien affaibli par l'éloignement.

« Cette salle a vue sur les jardins et sur les allées qui
règnent tout autour. Les allées sont bordées de buis et de
romarin. Un jeune plant de vigne ombrage la partie com-
prise entre les allées et le jardin fruitier. Un salon jouit de
cet aspect, qui le cède peu en agrément à celui de la mer,

M 2

dont il est éloigné : celui-ci est accompagné par derrière de
deux pavillons dont les fenêtres donnent sur le vestibule
de la maison et sur le jardin potager. De ce côté, s'étend le
cryptoportique, ou galerie souterraine, ouvrage qui tient
de la beauté et de la magnificence des édifices publics. Il est
percé de fenêtres des deux côtés, mais en plus grand nombre
du côté de la mer que sur le jardin : quand le temps est
calme et serein, on les ouvre toutes; si le vent donne d'un
côté, on ouvre les fenêtres de l'autre. Un parterre parfumé
de violettes est au-devant de la galerie, qui, par sa réverbération, augmente l'ardeur du soleil qui s'y concentre, en
même temps qu'elle le garantit des vents du nord. Aussi y
fait-il aussi chaud par-devant, que froid par-derrière. Le
vent d'Afrique se trouve rompu par elle, en sorte que, de
tous côtés, elle vous offre un abri contre les vents différents.
Tel est l'agrément qu'on y trouve l'hiver, mais il est encore
plus grand l'été; car jusqu'à midi elle porte ombre sur le
parterre, et après midi sur les allées et les autres endroits
du jardin qui s'en rapprochent, et l'on voit croître et se rac-
courcir cette ombre selon la longueur des jours. Cependant
la galerie ne reçoit jamais le soleil dans sa plus grande
ardeur, c'est-à-dire lorsqu'il est à plomb au-dessus du faîte :
alors les fenêtres s'ouvrent, et y reçoivent de toute part
l'haleine des zéphyrs, qui y renouvellent l'air, et par une
agréable agitation entretiennent sa salubrité.

« A l'extrémité du parterre et au bout de la galerie, on
trouve le pavillon du jardin : c'est un petit bâtiment détaché
qui fait mes délices. Là, est une pièce dont le soleil, qui y
entre de toute part, fait une étuve : elle a vue d'un côté sur
le parterre, et de l'autre sur la mer. Son entrée répond à
une chambre voisine, et une de ses fenêtres donne sur la
galerie. Un cabinet particulier élégamment orné se joint à
cette pièce du côté de la mer, de manière que, par des portes

vitrées et des rideaux qu'on ouvre et qu'on ferme, tantôt le
cabinet ne fait qu'un avec la chambre, et tantôt il s'en
sépare. Il y a place pour un lit et deux chaises. Du côté où
le lit est adossé, on voit les maisons de la côte. A vos pieds
vous découvrez la mer, et du chevet les forêts voisines. Autant
de fenêtres, autant d'aspects différents, qui s'unissent et se
partagent comme l'on veut.

« L'on passe de là dans la chambre de nuit destinée au
sommeil. Rien de plus calme que cet endroit. La voix des
esclaves ne saurait y parvenir. On n'y entend ni le mugisse-
ment de la mer, ni le sifflement des vents, ni le fracas des
orages. La lueur des éclairs ni la clarté du jour ne sauraient
y pénétrer, à moins qu'on n'ouvre les croisées. La raison
d'une tranquillité si profonde, c'est qu'entre le mur de cette
chambre et celui du jardin est le quartier des hommes, dont
la cour assez spacieuse dissipe tout le bruit du dehors. J'ai
fait pratiquer sous cette chambre une étuve fort petite qui
communique et répand, par une petite ouverture, autant de
chaleur que l'on veut. Enfin, l'on trouve une antichambre et
une chambre fort exposées au soleil, qu'elles reçoivent depuis
son lever jusqu'à midi, quoique obliquement.

« Quand je me retire dans le local que je viens de vous
décrire, j'imagine être à cent lieues de chez moi. C'est surtout dans le temps des Saturnales que je m'y complais. Tandis
que toute la maison retentit du bruit des fêtes et des cris de
joie que la licence excite parmi les domestiques, retiré là,
je goûte le plaisir de l'étude, sans gêner leurs divertissements
et sans en être gêné. ».............................

....

On trouvera, planche 44 du Parallèle, un plan du Laurentin par Scamozzi. On trouvera aussi, sur cette même
planche et sur les planches 43, 45 et 46 du même ouvrage,
divers plans de maisons grecques et romaines. Les diffé-

rences que l'on remarque entre ceux même qui devraient le plus se ressembler, ne préviennent pas en faveur de leur exactitude. Quoi qu'il en soit, les talents des architectes à qui nous devons ces plans, la simplicité qui y règne, simplicité vers laquelle on doit tendre par tous les moyens imaginables, sont des motifs suffisants pour engager à les étudier. Quant aux maisons de campagne de l'Italie moderne, et aux délicieux jardins qui les accompagnent, dont on trouve les plans, planche 52 (*bis*) du Parallèle, en y jetant les yeux, on sentira qu'il n'est pas besoin d'en recommander l'étude.

A l'égard des projets de maisons de campagne que nous donnons dans ce volume, planches 27, 29, 30 et 31, et de celles que l'on peut voir dans le choix des projets, planches 28, 29 et 30, notre principal but, en les donnant, et en les indiquant, a été de faire voir de combien de manières différentes on pouvait disposer les maisons particulières, suivant les différentes circonstances, sans cependant blesser nos usages.

DES FERMES OU MAISONS RURALES.

Une exploitation de terre exige des bâtiments pour loger le cultivateur, sa famille et divers animaux, pour mettre à l'abri les instruments aratoires et les divers produits du sol et du bétail, etc.

Rien n'est moins commode et moins salubre que la plupart de nos fermes. Elles n'offrent qu'un amas de bâtiments, de fumiers épars, de mares infectes. Aussi voit-on souvent éclore dans ces lieux des maladies fâcheuses qui se répandent dans les environs.

La grandeur et la disposition particulière d'une ferme doivent être relatives au climat, à l'étendue des terres, à la nature des produits. La variété de ces différents objets nous prescrit de nous borner ici à des idées générales.

Le meilleur emplacement d'une ferme serait un terrain un
peu élevé, où il n'y aurait point d'eaux stagnantes, où l'on
ne craindrait pas les débordements des rivières, où l'on
n'éprouverait pas de brouillards habituels, etc.

Pour éviter, autant que possible, le danger des incendies,
il faudrait que le logement du fermier ou du propriétaire
faisant valoir fût séparé de tous les autres bâtiments, et que
ceux-ci, de même, fussent isolés les uns des autres. Pour
faciliter la surveillance, il faudrait que le tout fût disposé
de sorte que de chacune des pièces du principal corps de
bâtiment, et d'un seul coup d'œil, on pût embrasser tous
les bâtiments accessoires. Il faudrait approcher les uns des
autres ceux de ces bâtiments dont les usages sont analogues,
et éloigner de ces derniers ceux dont les usages sont essentiellement différents. Les mares et les fumiers, placés ordinairement dans les cours qu'ils embarrassent et qu'ils
infectent, devraient être rejetés dans une enceinte particulière
placée au nord de cette cour. Tous les bâtiments destinés à
renfermer des animaux devraient être placés de manière à
avoir une issue directe sur l'enceinte des fumiers. *Voyez la
planche* 32.

Si les maisons rurales, si ces habitations paisibles dans
lesquelles, au sein de la nature, on se livre aux soins les plus
intéressants, aux occupations les plus douces, étaient situées
et disposées comme elles devraient l'être, que d'agréments
leur aspect n'offrirait-il pas! Après la négligence impardon-
nable avec laquelle la plupart des maisons rurales sont trai-
tées, il ne pourrait y avoir qu'une recherche ridicule capable
de les en priver. On ne remarque ni l'une ni l'autre, soit
dans les maisons de ce genre bâties par Palladio, sur les
bords charmants de la Brenta, près de Vicence, soit dans
une foule d'édifices destinés aux mêmes usages, répandus
dans toute l'Italie, et connus sous le nom de *fabriques*. Aussi

96   DES ÉDIFICES PARTICULIERS.

tous ces édifices enchantent-ils les yeux par leurs formes simples et agréables. *Voyez* les planches 49, 5o et 51 du Parallèle, et les planches 5, 6, 8 et 19 de la seconde partie de cet ouvrage.

DES HÔTELLERIES.

Ces lieux, destinés à recevoir les voyageurs, ne sont, dans la plus grande partie de l'Europe, que des édifices particuliers, qui n'offrent pas, pour la plupart, plus d'ordre, de commodité, de propreté, que la majeure partie de nos fermes. En Orient, au contraire, ces mêmes lieux, nommés *caravansérail,* sont des édifices publics bâtis et entretenus avec le plus grand soin par le gouvernement. Ces édifices, disposés de la manière la plus simple, comme on peut le voir planche 3o du Parallèle, offrent, au rapport de tous les voyageurs, le plus bel aspect. On sait combien celui de nos hôtelleries en général est ignoble et repoussant. Rien ne serait cependant si facile que de le rendre agréable. Il ne faudrait pour cela que donner à leur disposition la convenance et la simplicité qu'elles exigent. *Voyez* seulement l'esquisse que nous en donnons, planche 3a.

DE LA MARCHE QUE L'ON DOIT SUIVRE DANS LA COMPOSITION D'UN PROJET QUELCONQUE.

L'examen et la comparaison que nous venons de faire d'un assez grand nombre d'édifices anciens et modernes, près de cinquante projets (tous on ne peut pas plus simples, et tous cependant absolument différents), ont dû donner une idée suffisante des convenances des principaux genres d'édifices, et jeter un assez grand jour sur les principes d'après lesquels tous les édifices doivent être traités. Pour achever de remplir le but que nous nous sommes proposé dans cette troisième partie, il ne nous reste plus qu'à rappeler aux élèves la marche que l'on doit suivre dans la composition de tel projet que ce soit.

Combiner entre eux les divers éléments, passer ensuite aux différentes parties des édifices, et de ces parties à l'ensemble, telle est la marche naturelle que l'on doit suivre lorsqu'on veut apprendre à composer. Lorsque l'on compose, au contraire, on doit commencer par l'ensemble, continuer par les parties, et finir par les détails.

Avant tout, il faut s'appliquer à connaître l'usage et les convenances de l'édifice dont on doit faire le projet; se bien pénétrer de l'esprit dans lequel il doit être conçu; examiner quelle est, des diverses qualités qui peuvent se rencontrer dans les édifices, celle vers laquelle on doit diriger plus particulièrement son attention; s'assurer si c'est la solidité, comme dans les phares; la salubrité, comme dans les hôpitaux; la commodité, comme dans les maisons particulières; la sûreté, comme dans les prisons; la propreté, comme dans les marchés, les boucheries; le calme et la tranquillité, comme dans les lieux destinés à l'étude; l'agrément et la gaieté, comme dans ceux consacrés au plaisir, etc. D'après cela, il convient de voir si l'édifice doit n'offrir dans son plan qu'une seule masse; si cette masse doit être pleine ou évidée par une ou plusieurs cours; si les différents corps de bâtiments doivent être continus ou séparés; si l'édifice peut donner sur les rues, ou s'il doit en être éloigné par une enceinte; si tous les corps de bâtiments doivent avoir ou non un même nombre d'étages, etc.

De l'ensemble passant aux différentes parties, il faut examiner quelles sont les pièces principales et celles qui leur sont subordonnées; quelles sont les pièces qui doivent être rapprochées ou éloignées les unes des autres, et déterminer en conséquence leur place et leur grandeur; voir ensuite si

N

 les pièces doivent être couvertes par un plancher ou par une voûte; quelle espèce de voûte on doit préférer; si la portée de ces planchers ou l'étendue de ces voûtes exige ou n'exige pas des colonnes pour les diminuer, etc.

Toutes ces observations faites, et le croquis tracé en conséquence, il faut déterminer le nombre des entre-axes de chaque pièce, et le chiffrer sur ce croquis, additionner ensuite tous les entre-axes, afin de voir en combien de parties on doit diviser le terrain. Le nombre total une fois reconnu, examiner si chacun des entre-axes n'est pas trop large ou trop étroit, relativement à l'échelle; et si cela arrive, diminuer ou augmenter le nombre des entre-axes, soit dans toutes les parties, soit seulement dans quelques-unes.

D'après le nombre d'entre-axes plus ou moins considérable des pièces, il faut déterminer l'ordre que l'on doit employer; voir si le centre des voûtes doit être au niveau du dessus de l'architrave, ou s'il doit être placé plus haut, etc.

Un croquis ou une esquisse étant arrêtée de cette manière, on n'a plus à s'occuper dans le dessin rendu que des différents profils et des ornements de peinture ou de sculpture que l'on juge à propos d'employer.

Il est aisé de voir avec quelle facilité et quel succès on parviendrait à composer tel édifice que ce puisse être, si, étant bien pénétré des principes que la nature suggère, l'architecte suivait la marche que la raison indique, tant dans l'étude de l'art, que dans la composition des édifices, qui ne sont, l'une et l'autre, qu'une suite non interrompue d'observations et de raisonnements.

Fin du second et dernier Volume.

NOTICE.

Recueil *et Parallèle des Édifices de tout genre, anciens et modernes, remarquables par leur beauté, par leur grandeur ou par leur singularité, et dessinés sur une même échelle.*

Par J. N. L. DURAND, Architecte et Professeur d'Architecture à l'École Polytechnique.

Une chose qui importe extrêmement aux Architectes, aux Ingénieurs civils et militaires, aux Élèves de l'École Polytechnique, destinés à le devenir, aux Peintres d'histoire et de paysage, aux Sculpteurs, aux Dessinateurs, aux Décorateurs de théâtre; en un mot, à tous ceux qui doivent construire ou représenter des édifices et des monuments, c'est d'étudier et de connaître tout ce qu'on a fait de plus intéressant en architecture, dans tous les pays et dans tous les siècles.

Mais les édifices qui méritent quelque considération se trouvent confondus avec une foule d'autres qui ne sont remarquables en rien : outre cela, ils sont dispersés dans près de trois cents volumes, la plupart in-folio, dont la collection monterait à un prix énorme; de sorte qu'il serait impossible aux Artistes de s'en procurer la connaissance entière par une autre voix que celle des bibliothèques.

Ce moyen-là même exige un temps infini, et n'est d'ailleurs praticable que pour les Artistes qui habitent les grandes villes. De plus, quand ils seraient tous à portée d'en faire usage, peut-être que les avantages qu'il leur procurerait ne les dédommageraient que faiblement de leurs peines. En voici la raison : souvent un volume n'est composé que d'objets de différents genres, tandis que ceux qui sont du même genre se trouvent disséminés dans un grand nombre de volumes. Or on sent combien, dans ce cas-là, les comparaisons, qui seules peuvent amener à juger et à raisonner, doivent être longues, pénibles, imparfaites et peu fructueuses : la différence des échelles ajoute encore à ces inconvénients.

Dans cet état de choses, nous avons pensé que si, détachant des trois cents volumes dont nous venons de parler les seuls objets qui sont essentiels à connaître, nous les rassemblions dans un seul volume d'un prix tout au plus égal à celui d'un ouvrage ordinaire d'Architecture, ce serait offrir aux Artistes en général, et aux Élèves de l'École Polytechnique en particulier, un tableau complet et peu coûteux de l'Architecture ; un tableau qu'ils pourraient parcourir en peu de temps, examiner sans peine, étudier avec fruit, surtout si l'on classait les édifices et les monuments par genres, si on les rapprochait selon leur degré d'analogie, si on les assujétissait de plus à une même échelle ; et c'est ce que nous avons entrepris de faire. Pour arriver plus sûrement à ce but, nous avons rejeté de ce recueil, non seulement tous les objets qui n'offraient aucun intérêt en eux-mêmes, mais encore ceux qui, ressemblant plus ou moins à d'autres morceaux d'un intérêt majeur, n'auraient fait que grossir le volume, sans augmenter la masse des idées.

Peut-être trouvera-t-on dans ce recueil quelques édifices qui paraîtront peu intéressants ; mais, comme ce sont presque les seuls de ce genre qui existent, nous avons cru devoir les

y placer, afin d'appeler l'attention sur ce genre d'Architecture.

On y trouvera aussi des restaurations peu authentiques,
telles que celles des thermes par Palladio, et de plusieurs
édifices de l'ancienne Rome, par Piranesi, Pirro-Ligorio, etc.
Nous n'avons pas voulu priver les Élèves ni les Architectes
des beaux partis que ces restaurations présentent, et dont ils
peuvent faire de fréquentes et d'heureuses applications.

Mais nous nous sommes permis de les simplifier, nous y
en avons même ajouté qui sont presque entièrement de
nous ; et pour peu que l'on fasse attention que, loin d'avoir
voulu corriger ces grands maîtres, nous ne nous sommes
attachés qu'à manifester d'une manière plus évidente l'esprit
qui règne dans ces magnifiques productions, on nous par-
donnera sans peine d'avoir osé nous ranger à côté d'eux.

Cet ouvrage est composé de quinze cahiers ; chacun l'est
de six planches.

Le premier contient les temples égyptiens, grecs, romains,
et les temples de Salomon, de Balbek, et de Palmyre ;

Le deuxième, les mosquées, les pagodes, les églises gothiques, et les dômes les plus célèbres ;

Le troisième, les places publiques, les forum, les marchés,
les halles, les bazars, les maisons de ville, les basiliques,
les palestres, les écoles, les portiques, et les bourses ;

Le quatrième, les tombeaux égyptiens, grecs, indiens,
turcs, persans, et romains ; les arcs de triomphe, les ponts,
les aquéducs, etc. ;

Le cinquième, les ports, les phares, les tours, les citernes,
les puits, les châteaux-d'eau, les casernes, les arsenaux, les
prisons, les hôpitaux, les lazarets, les caravanserais, et les
cimetières ;

Le sixième, les thermes, les nymphées, et les bains ;

Le septième, les théâtres antiques et modernes, les amphithéâtres, les naumachies et les cirques;

Les huitième, neuvième et dixième, les maisons, les châteaux et les palais, tant anciens que modernes.

Enfin les onzième, douzième, treizième, quatorzième et quinzième cahiers offrent, développés en grand, et sur une même échelle de module, tous les détails qui concernent les édifices, et qui méritent d'être connus.

Le prix de chaque cahier est de douze francs; celui de l'ouvrage entier est de cent quatre-vingts francs.

Choix des projets d'édifices publics et particuliers, composés par des élèves de l'École Royale Polytechnique, dans les concours qui ont lieu chaque année.

Non-seulement ce recueil, auquel nous renvoyons souvent dans le cours de ce volume, peut être très-utile aux personnes qui se livrent à l'étude de l'Architecture, mais il peut être encore d'un grand secours dans tous les départements, et dans tous les pays où l'Agriculture est peu cultivée; tous les projets qu'il renferme étant d'une exécution on ne peut pas plus facile, et on ne peut pas moins dispendieuse.

Ce recueil se compose pour le moment de cinq cahiers: prix de chacun, 6 francs.

Il se trouve, ainsi que le Précis des Leçons et le Parallèle, à l'École Royale Polytechnique; chez Rey et Gravier, libraires, quai des Augustins, n° 55, et chez Treuttel et Würtz, rue de Bourbon, n° 17.

Partie graphique des Cours d'Architecture, faits à l'École Royale Polytechnique depuis sa réorganisation.

TABLE

DES MATIÈRES CONTENUES DANS CE VOLUME.

Fin de la Table.

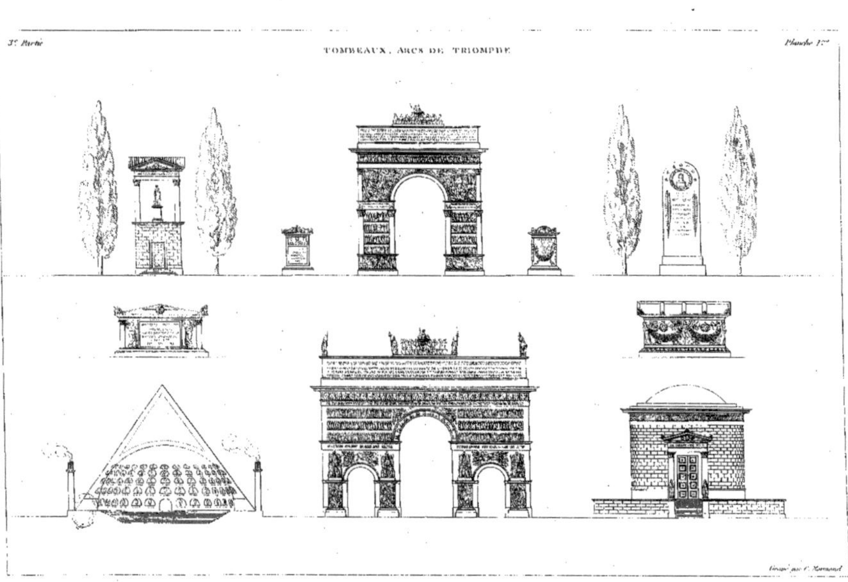

Dessiné par L. Normand

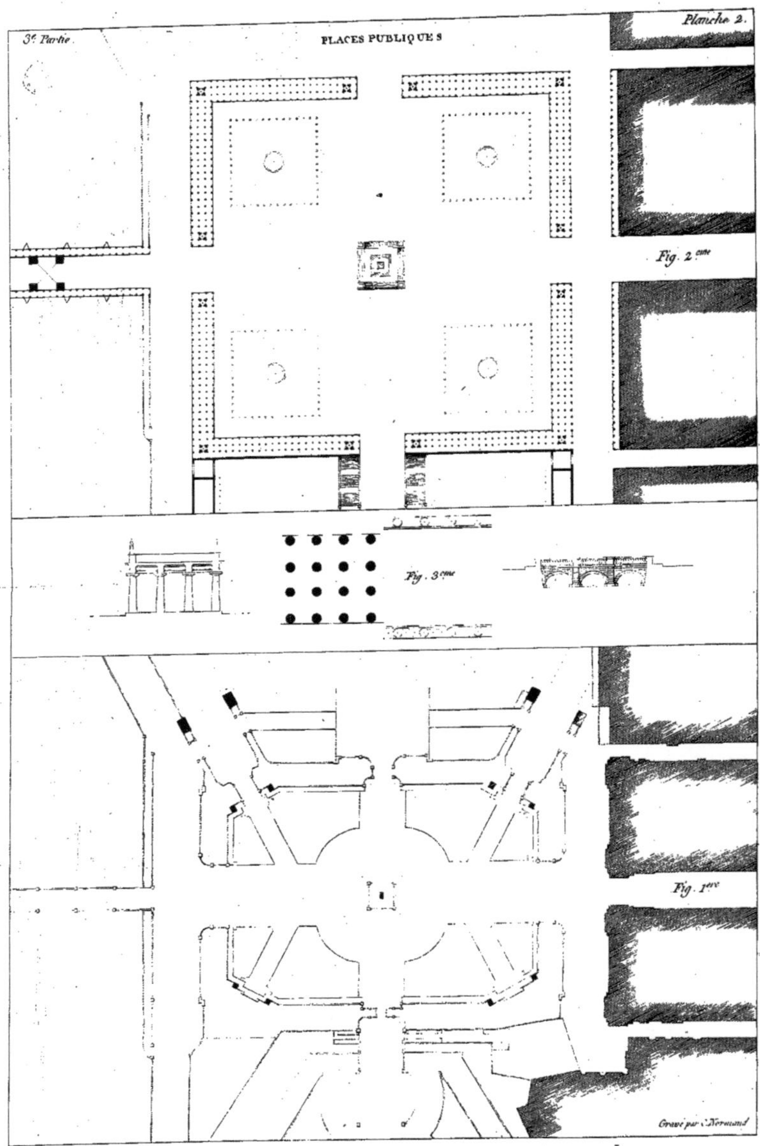

3.ᵉ Partie.
PLACES PUBLIQUES
Planche 2.
Fig. 2.ᵐᵉ
Fig. 3.ᵐᵉ
Fig. 1.ʳᵉ
Gravé par Normand

A. Grande Avenue.
B. Lac artificiel.
C. Pont triomphal.
D. Rochers qui entretient des torrens.
E. Parterre ornée de Fontaines.
F. Bosquets bas.
G. Terrasses.
H. Palais.
I. Iles.
K. Palais des Ministres.
L. Tir de la grande Cascade.
M. Hippodrome.
N. Canaux.
O. Mosquées et Marine.
P. Cirque et Naumachie.
Q. Bosquets hauts.

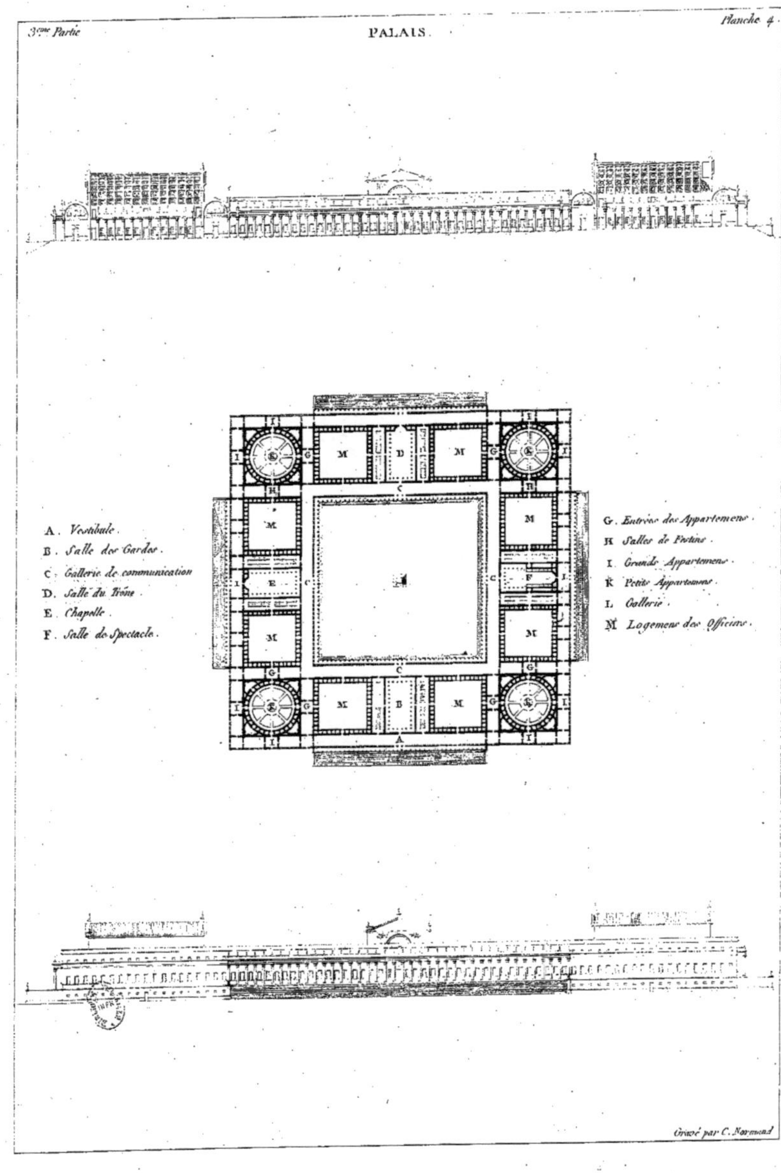

Gravé par C. Normand

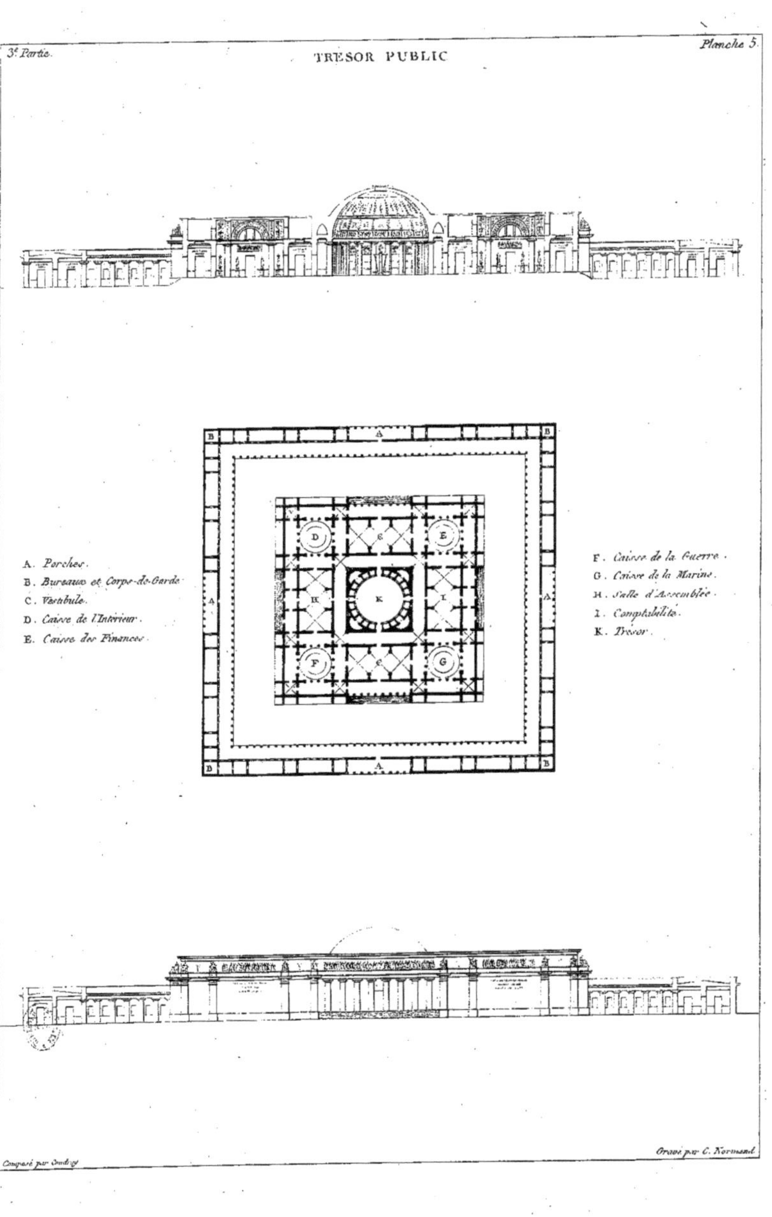

A. Porches.
B. Bureaux et Corps-de-Garde.
C. Vestibule.
D. Caisse de l'Intérieur.
E. Caisse des Finances.
F. Caisse de la Guerre.
G. Caisse de la Marine.
H. Salle d'Assemblée.
I. Comptabilité.
K. Trésor.

Composé par Ondidy.   Gravé par C. Normand.

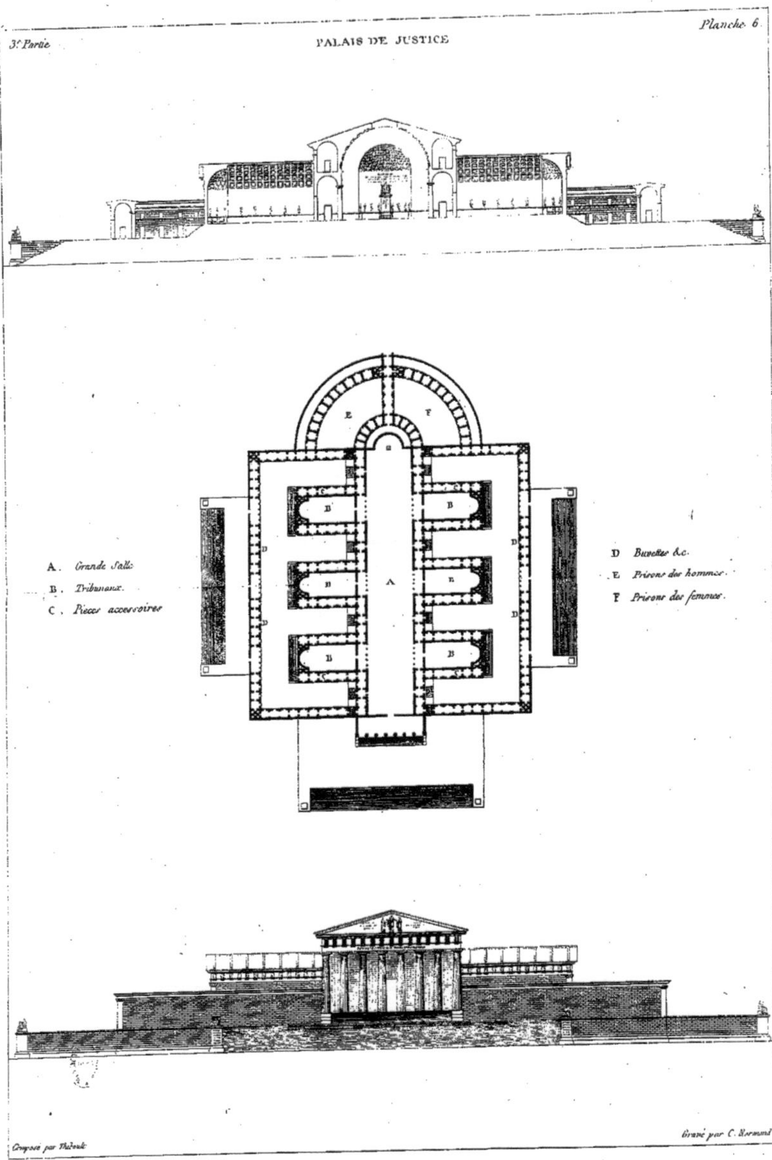
A. Grande Salle
B. Tribunaux.
C. Pieces accessoires
D. Buvettes &c.
E. Prisons des hommes.
F. Prisons des femmes.

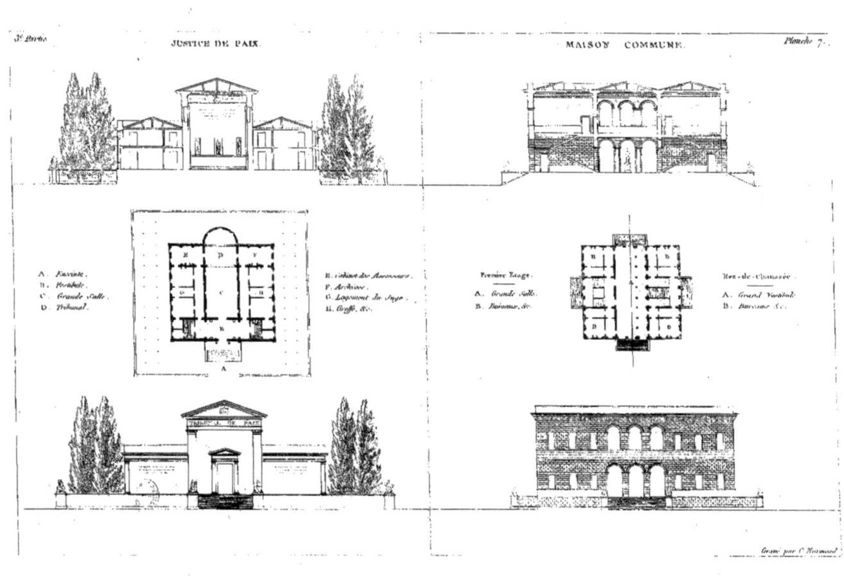

JUSTICE DE PAIX.
A. Enceinte.
B. Portique.
C. Grande Salle.
D. Tribunal.
E. Cabinet des Assesseurs.
F. Archives.
G. Logement du Juge.
H. Greffe, &c.
TRIBUNAL DE PAIX.
MAISON COMMUNE.
Premier Étage.
A. Grande Salle.
B. Bureaux, &c.
Rez-de-Chaussée.
A. Grand Vestibule.
B. Bureaux, &c.

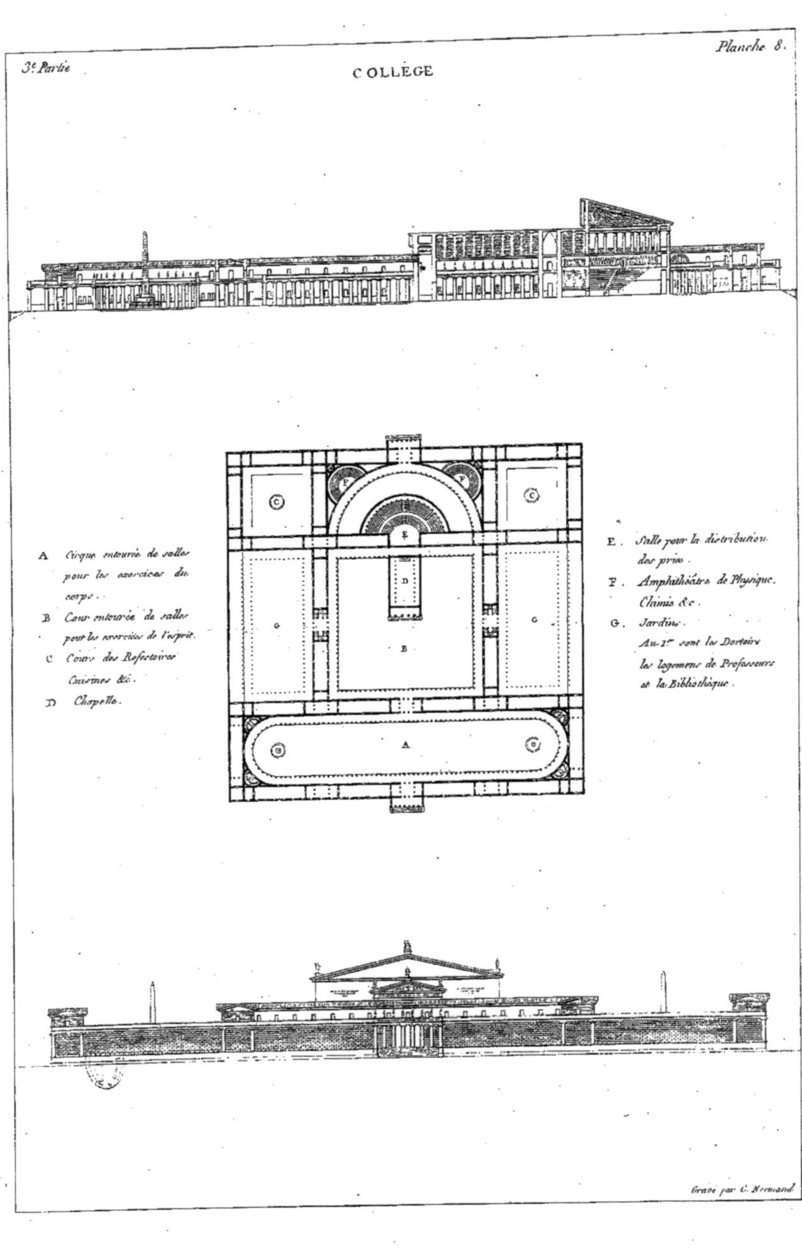
A Cirque entourée de salles pour les exercices du corps.
B Cour entourée de salles pour les exercices de l'esprit.
C Cours des Réfectoires Cuisines &c.
D Chapelle.
E. Salle pour la distribution des prix.
F. Amphithéâtre de Physique. Chimie &c.
G. Jardins.
Au 1er. sont les Dortoirs les logemens de Professeurs et la Bibliothèque.

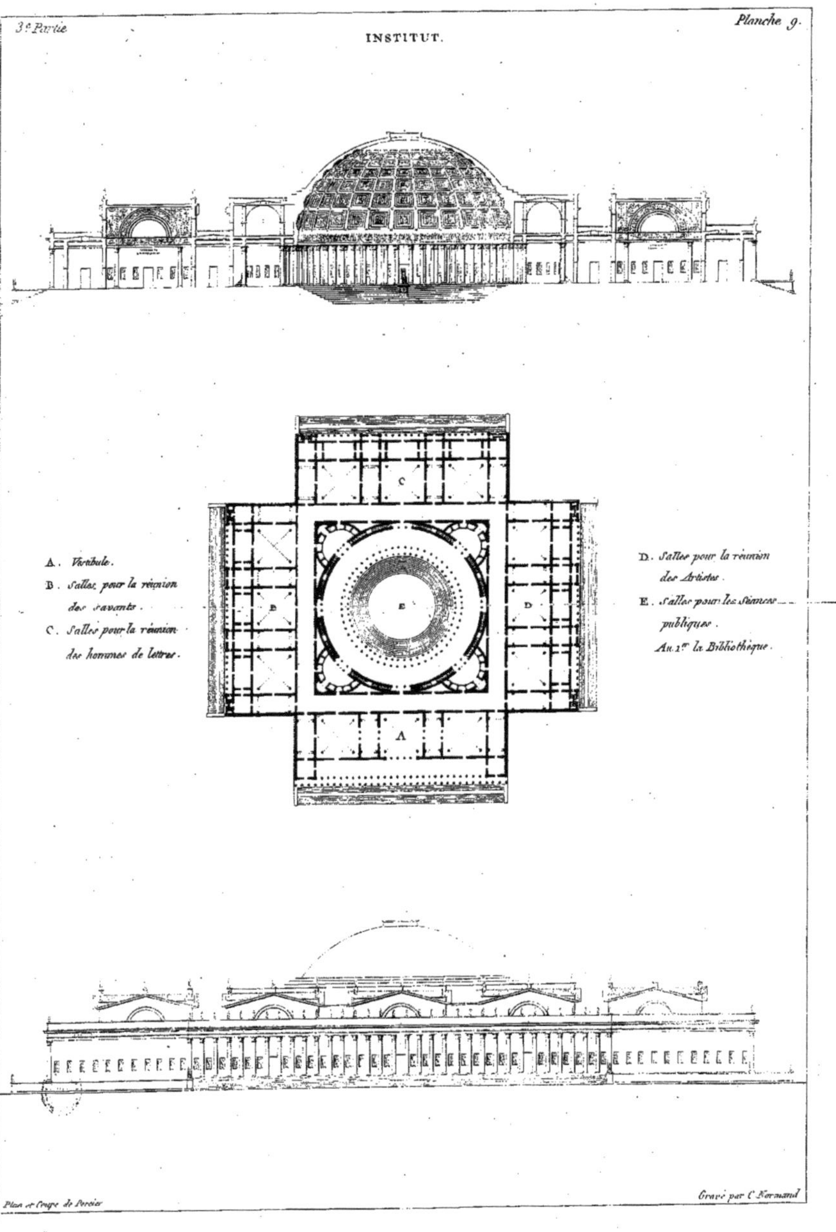

Plan et Coupe de Percier.   Gravé par C. Normand.

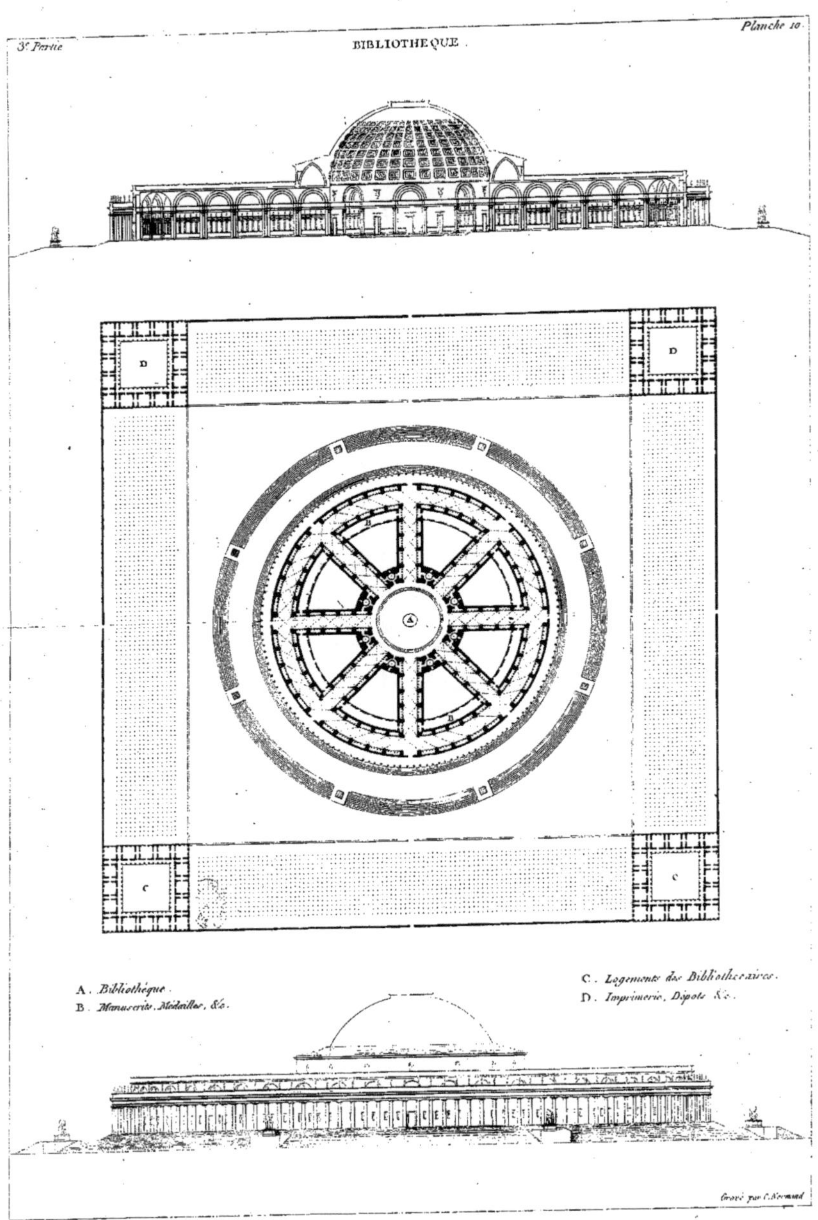

A . Bibliothèque.
B . Manuscrits, Médailles, &c.

C . Logemens des Bibliothécaires.
D . Imprimerie, Dépots &c.

Gravé par C. Normand.

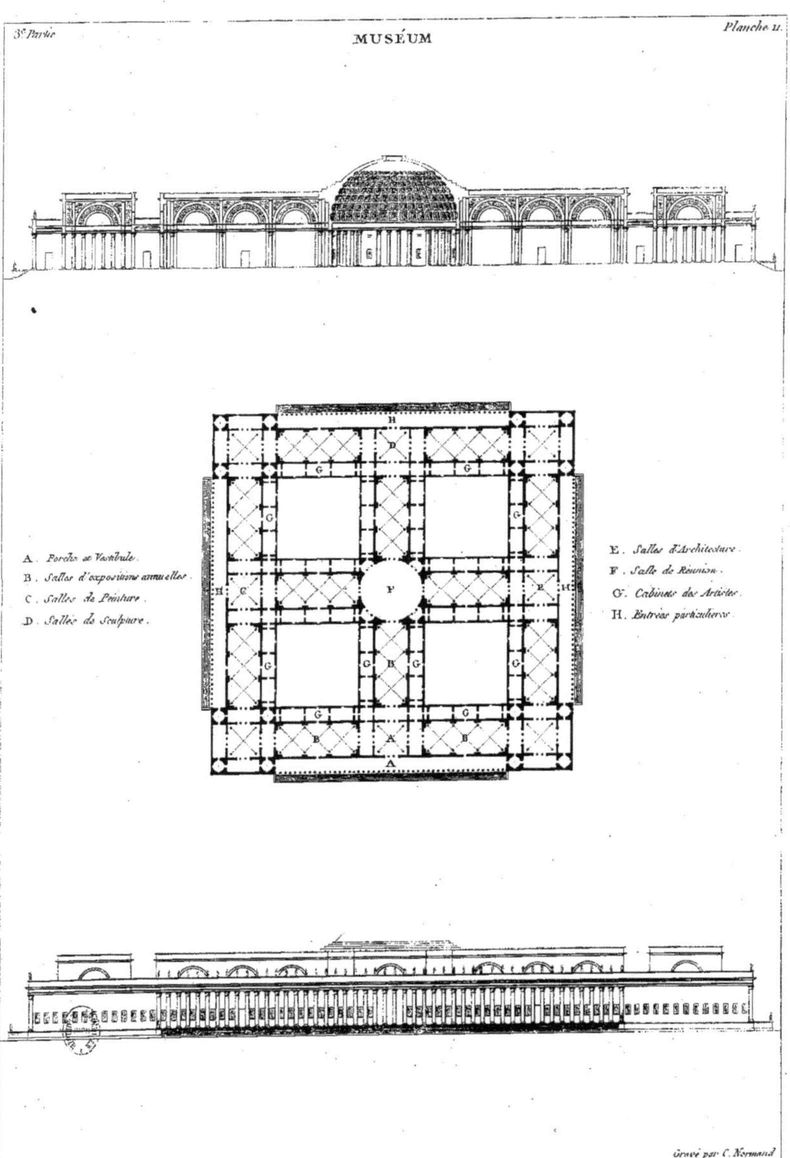

Gravé par C. Normand.

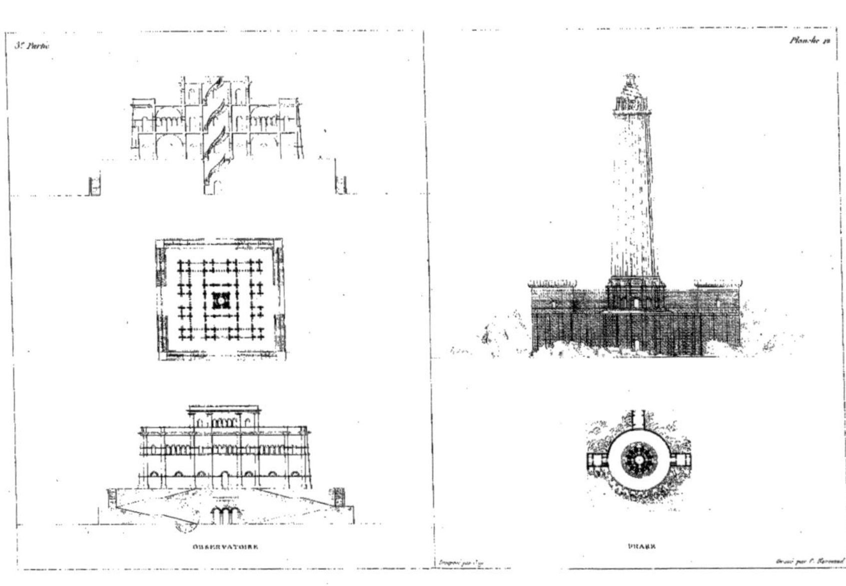

OBSERVATOIRE

PHARE

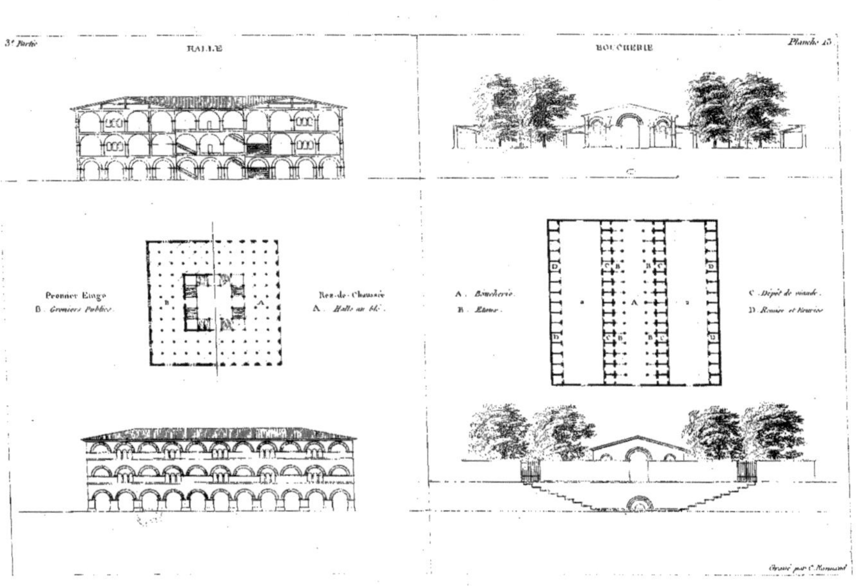
HALLE
BOUCHERIE
Planche 15
Premier Etage
B. Greniers Publics.
Rez-de-Chaussée
A. Halle au blé.
A. Boucherie.
B. Etaux.
C. Dépôt de viande.
D. Remise et Ecurie.
Gravé par C. Normand

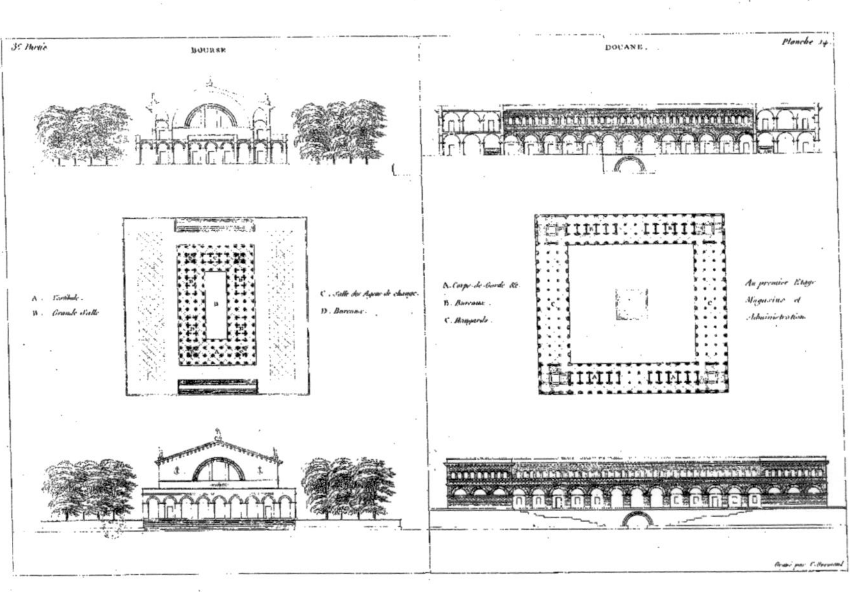
BOURSE
A . Vestibule.
B . Grande Salle.
C . Salle des Agens de change.
D . Bureaux.
DOUANE.
A . Corps-de-Garde &c.
B . Bureaux.
C . Hangards.
Au premier Étage
Magasins et
Administration.

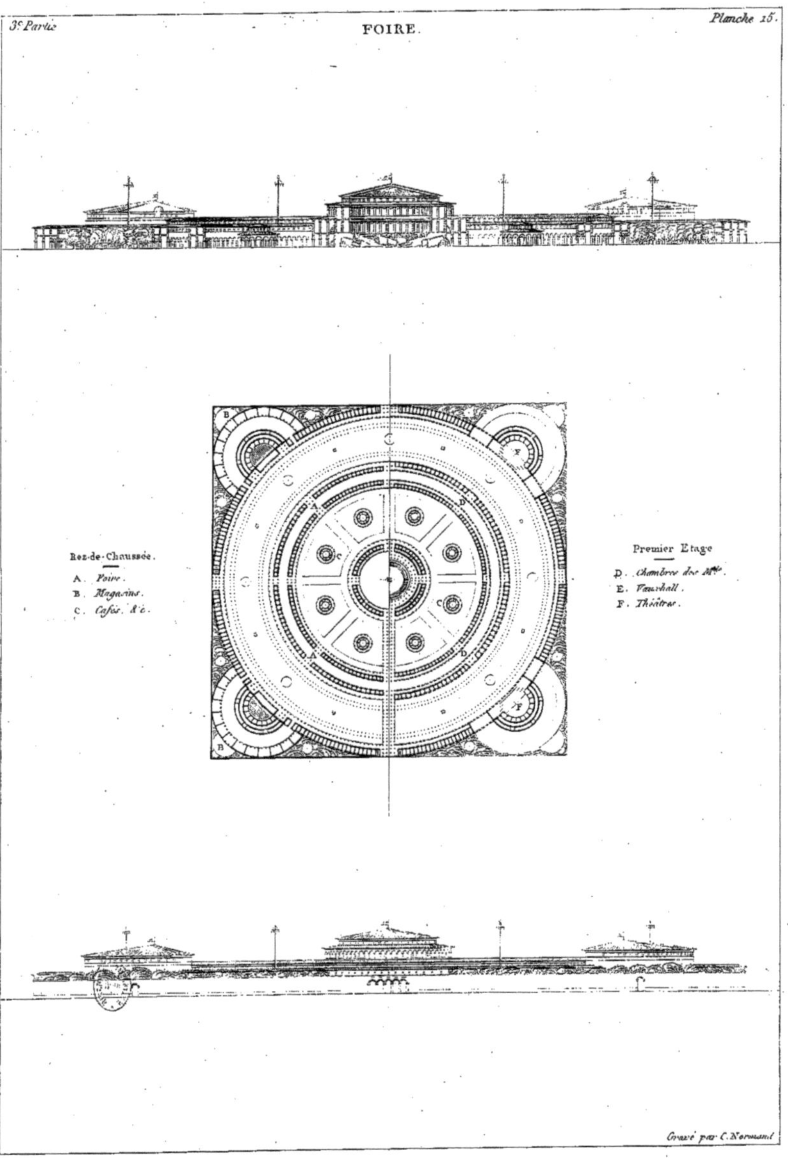

Rez-de-Chaussée.
A. Foire.
B. Magasins.
C. Cafés. &c.
Premier Etage
D. Chambres des M.ᵈˢ.
E. Vauxhall.
F. Théâtres.
Gravé par C. Normand.

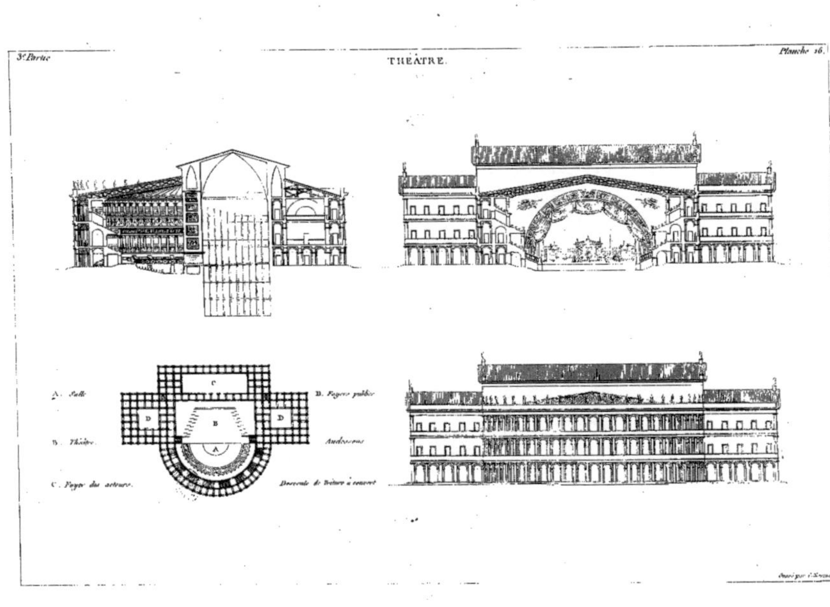

A. Salle.
B. Théâtre.
C. Foyer des acteurs.
D. Foyers publics.
Audessous.
Descente de Voiture à couvert.

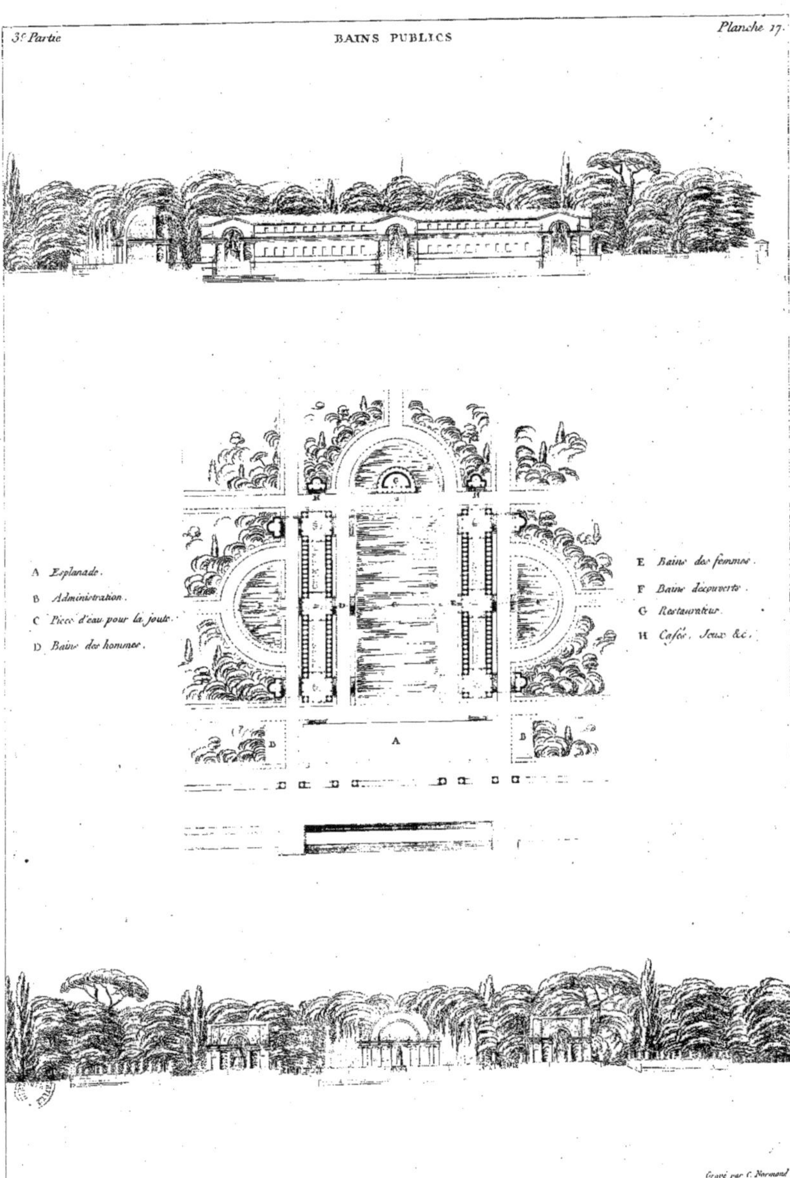

Gravé par C. Normand.

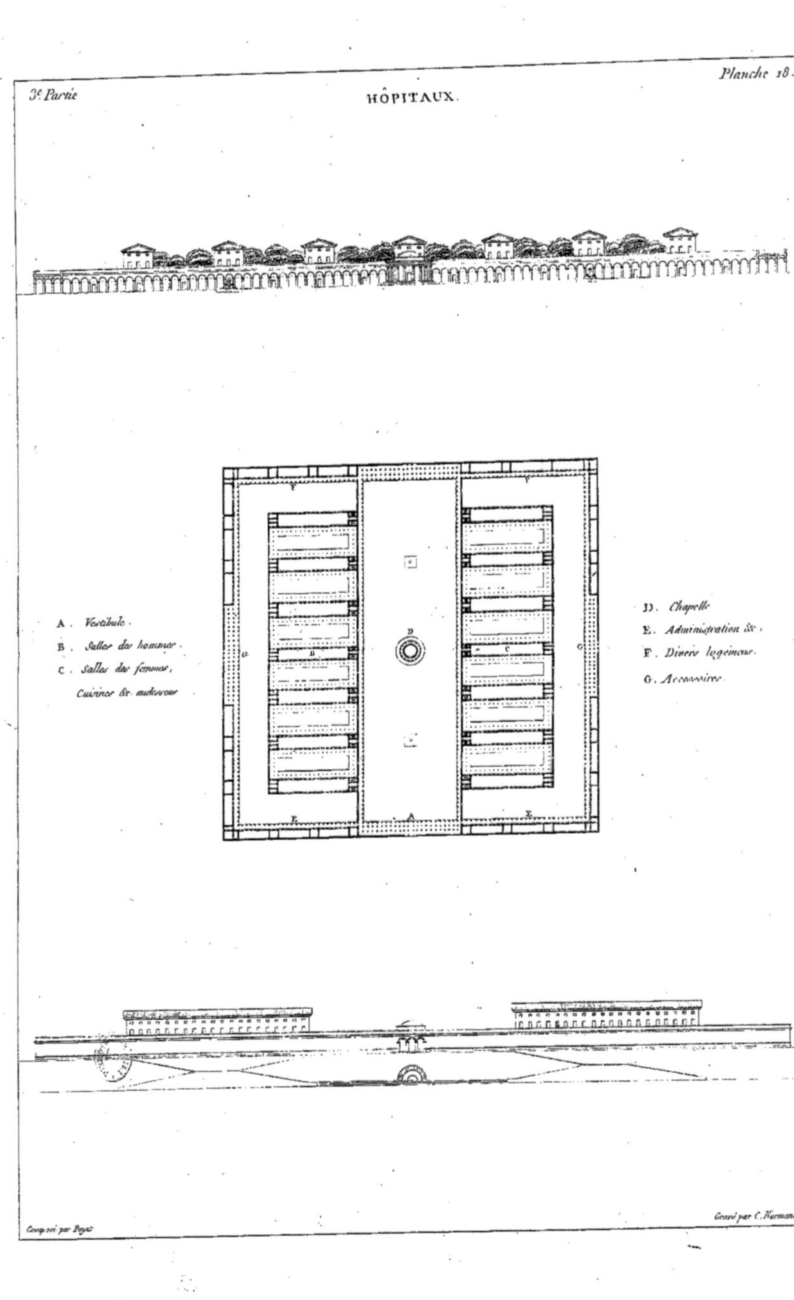

Composé par Poyet.   Gravé par C. Normand.

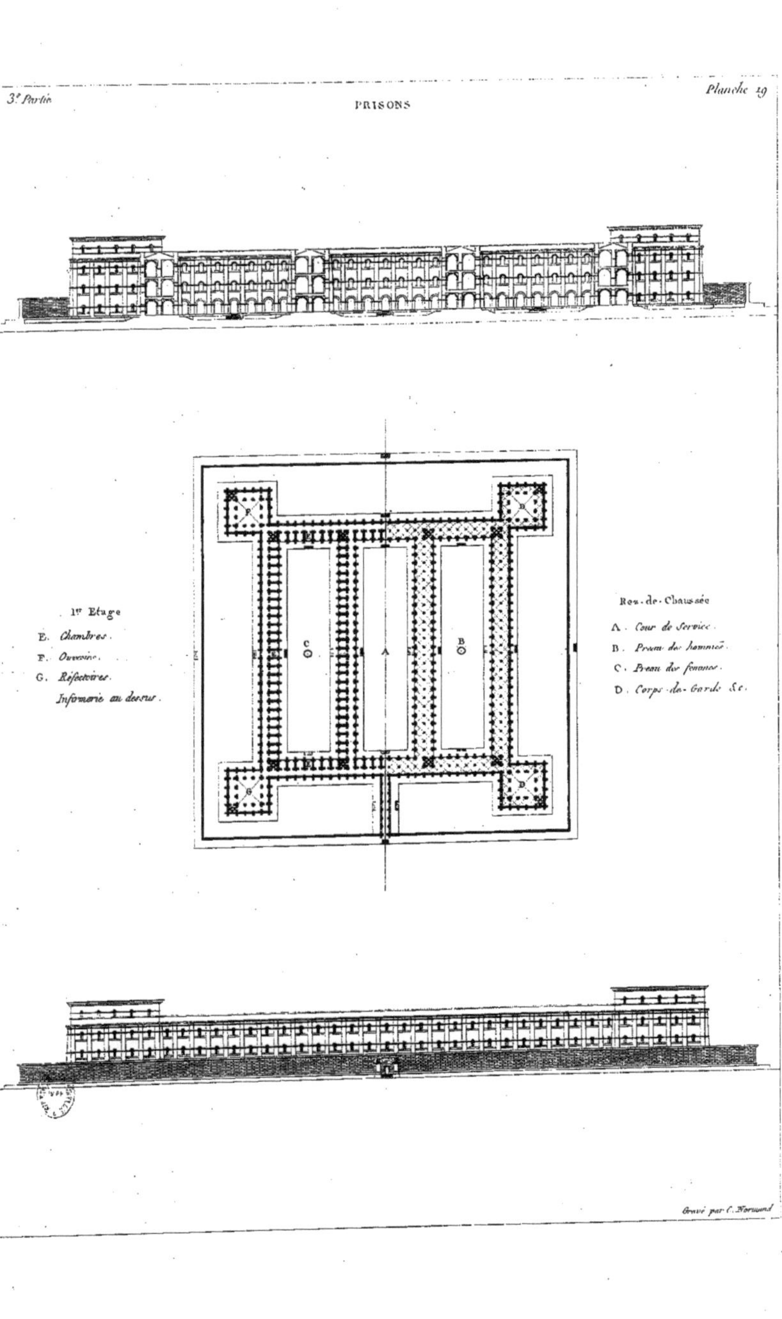
1.er Etage
E. Chambres.
F. Ouvroirs.
G. Réfectoires.
Infirmerie au dessus.
Rez-de-Chaussée
A. Cour de Service.
B. Preau des hommes.
C. Preau des femmes.
D. Corps-de-Garde &c.
C
A
B
E
F
G
D

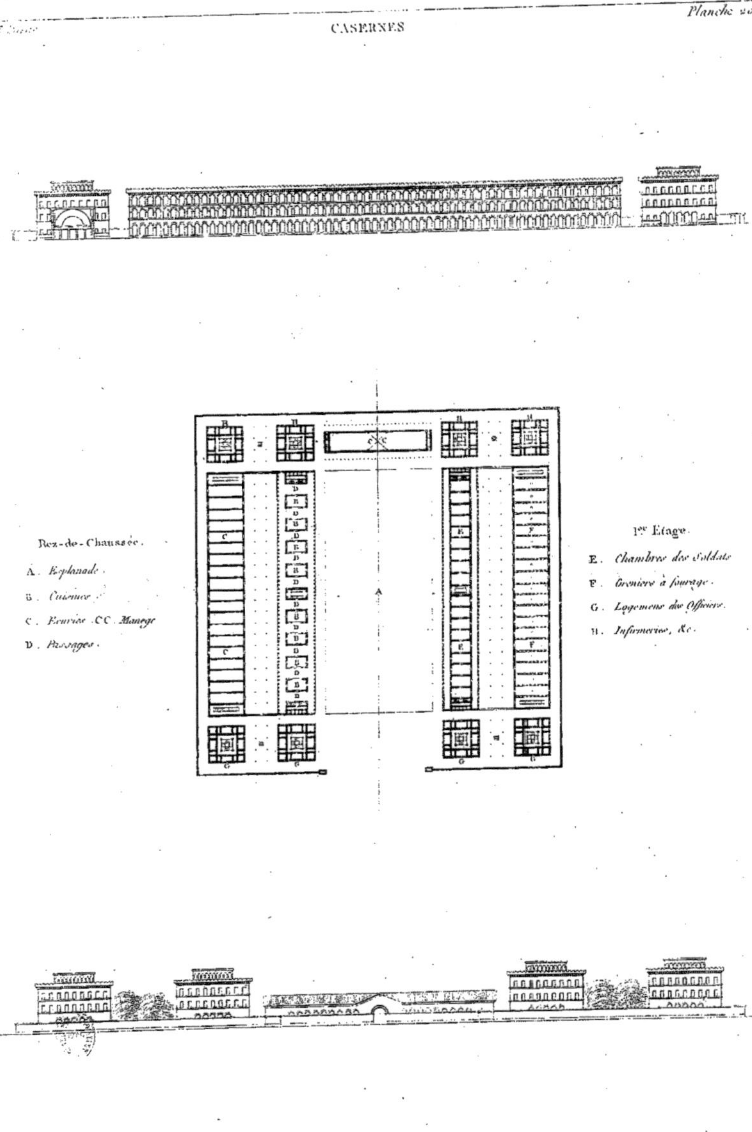
Rez-de-Chaussée.
A. Esplanade.
B. Cuisines.
C. Ecuries. CC. Manège.
D. Passages.
1er Étage.
E. Chambres des Soldats.
F. Grenier à fourrage.
G. Logemens des Officiers.
H. Infirmeries, &c.
Composé par Détournelle.
Gravé par C. Normand.

DIVERSES DISPOSITIONS D'ÉDIFICES PARTICULIERS A LA VILLE.

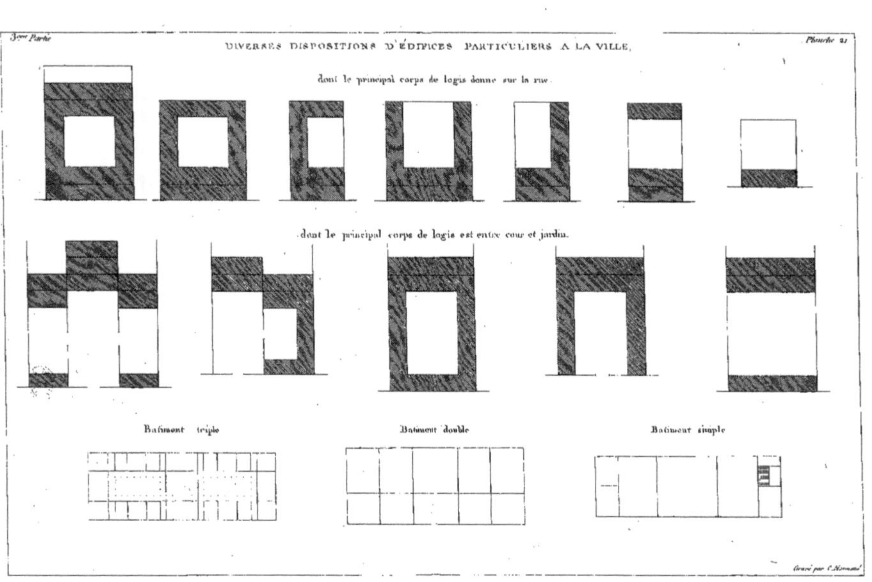

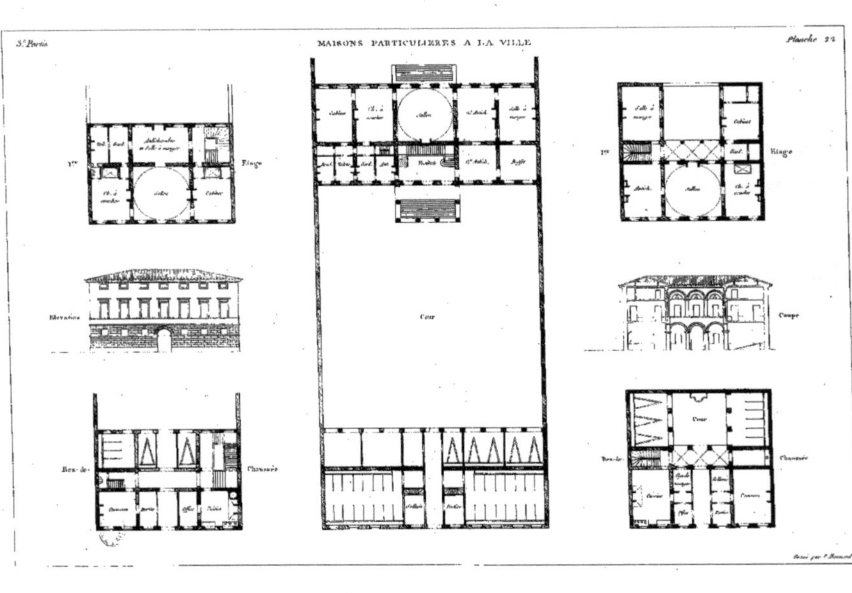
Elévation
Coupe
Cour
Rez-de-Chaussée
Étage
1.ᵉʳ Étage
Tracé par P. Renouard

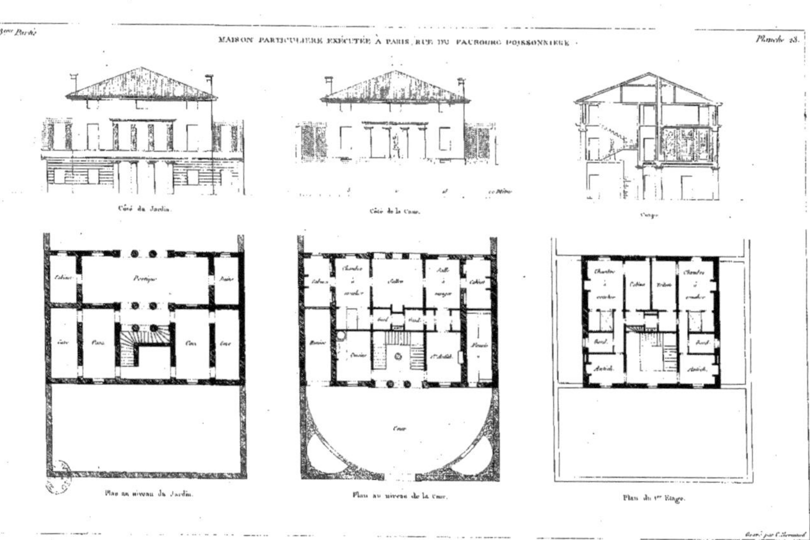

Côté du Jardin.
Côté de la Cour.
Coupe.
Plan au niveau du Jardin.
Plan au niveau de la Cour.
Plan du 1er Étage.
Gravé par C. Normand

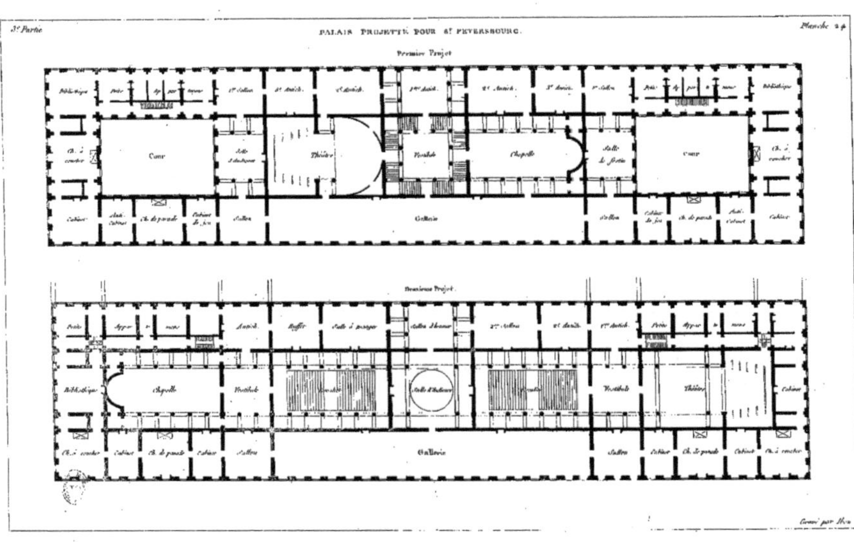

Premier Projet
Bibliothèque
Poële
App. par à vapeur
1er Salon
3e Antich.
4e Antich.
1er Antich.
2e Antich.
3e Antich.
1er Salon
Poële
App. par à vapeur
Bibliothèque
Ch. à coucher
Cour
Salle d'audience
Théâtre
Vestibule
Chapelle
Salle de fêtes
Cour
Ch. à coucher
Cabinet
Anti-Cabinet
Ch. de parade
Cabinet de jeu
Salon
Gallerie
Salon
Cabinet de jeu
Ch. de parade
Anti-cabinet
Cabinet
Deuxième Projet.
Poële
Appar. à vapeur
Antich.
Buffet
Salle à manger
Salon d'honneur
2e Salon
3e danse
1er Antich.
Poële
Appar. à vapeur
Bibliothèque
Chapelle
Vestibule
Escalier
Salle d'honneur
Escalier
Vestibule
Théâtre
Cabinet
Ch. à coucher
Cabinet
Ch. de parade
Cabinet
Salon
Gallerie
Salon
Cabinet
Ch. de parade
Cabinet
Ch. à coucher
Gravé par Hibon

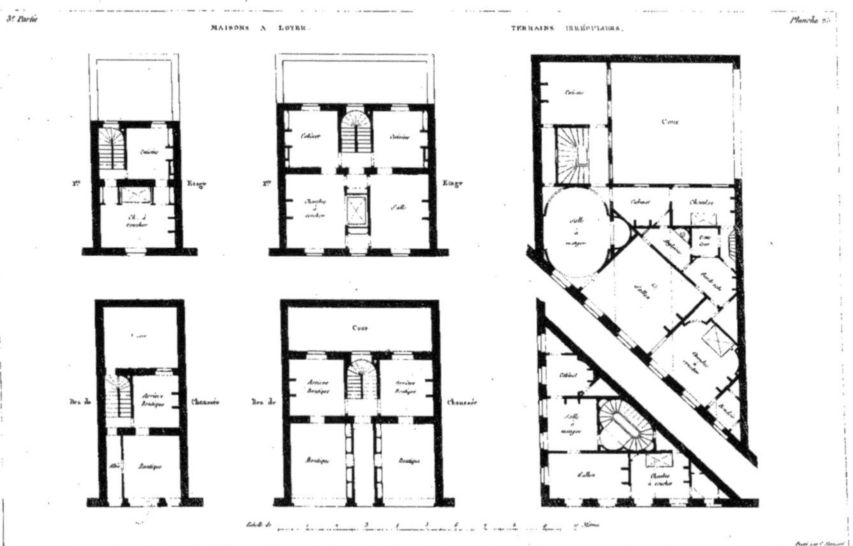
Cuisine
Cabinet
Cabinet
Escalier
Chambre à coucher
Salle
Cour
Arrière Boutique
Arrière Boutique
Boutique
Boutique
Rez de Chaussée
Cuisine
Salle à manger
Cabinet
Chambre
Chambre à coucher
Boudoir
Escalier
Salle à manger
d'attente
Chambre à coucher

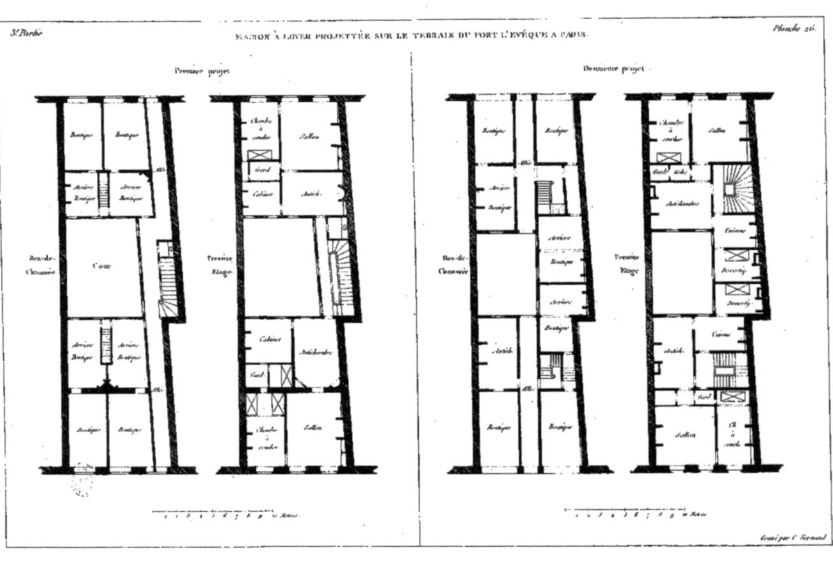

3.e Partie
Planche 26.
MAISON A LOYER PROJETTÉE SUR LE TERRAIN DU FORT L'EVÊQUE A PARIS.
Premier projet
Deuxième projet
Boutique
Boutique
Arrière Boutique
Arrière Boutique
Rez-de-Chaussée
Cour
Arrière Boutique
Arrière Boutique
Boutique
Boutique
Chambre à coucher
Salleu
Gard.
Cabinet
Antich.
Premier Etage
Cabinet
Antichambre
Gard.
Chambre à coucher
Salleu
Boutique
Boutique
Allée
Arrière Boutique
Arrière Boutique
Arrière
Rez-de-Chaussée
Antich.
Allée
Boutique
Boutique
Chambre à coucher
Salleu
Gard.
Niche
Antichambre
Premier Etage
Cuisine
Office
Office
Cuisine
Antich.
Gard.
Salleu
Cab. à coucher
Gravé par C.t Normand

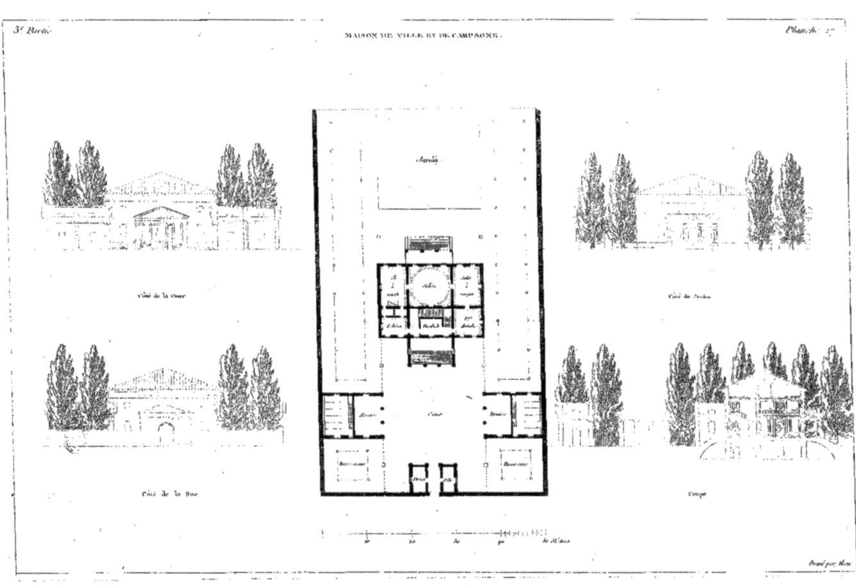
Jardin
Côté de la Cour
Côté du Jardin
Côté de la Rue
Coupe
Dessiné par Bon

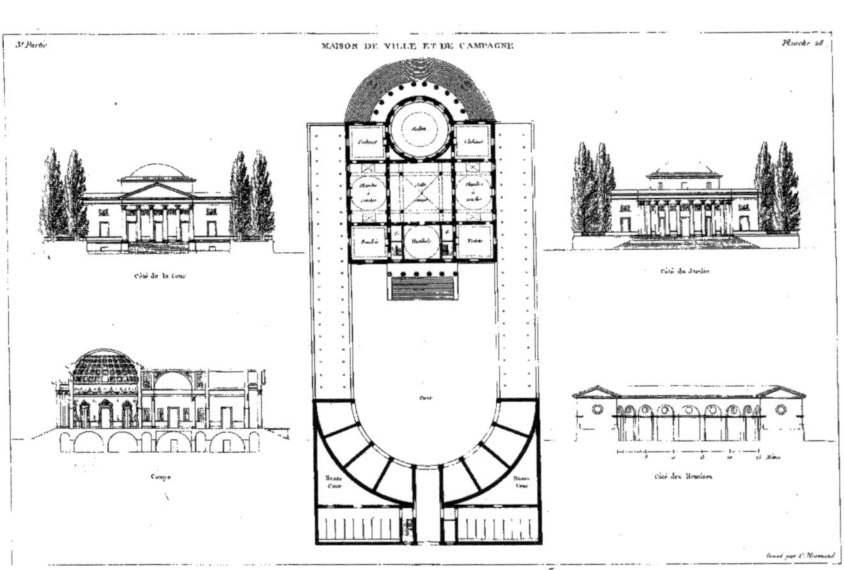
Côté de la Cour
Côté du Jardin
Coupe
Côté des Remises
Gravé par C.t Normand

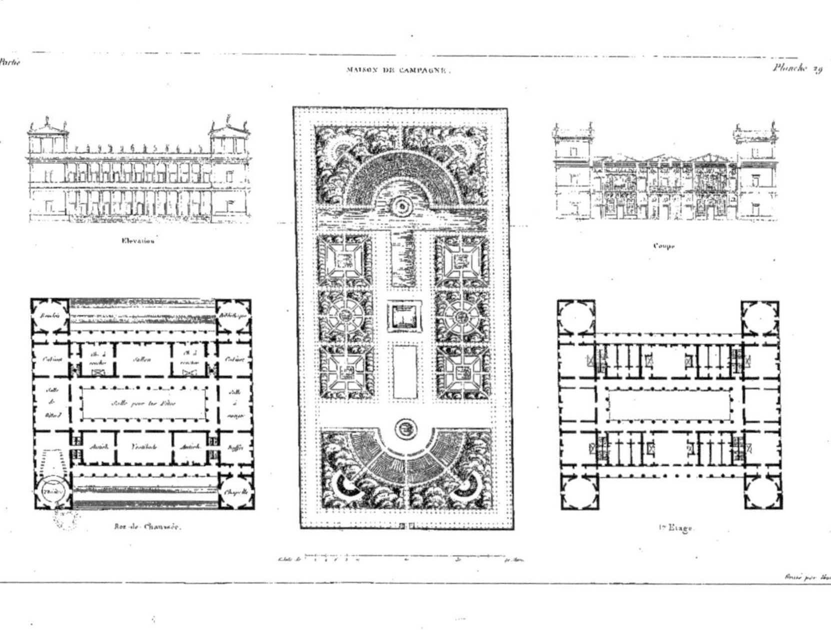
Elevation
Coupe
Cabinet
Ch. à coucher
Sallon
Ch. à coucher
Cabinet
Salle de billard
Salle pour les bains
Salle à manger
Antich.
Vestibule
Antich.
Buffet
Façade
Chapelle
Rez-de-Chaussée.
1er Etage.
Echelle de
Mètres
Dessiné par ***

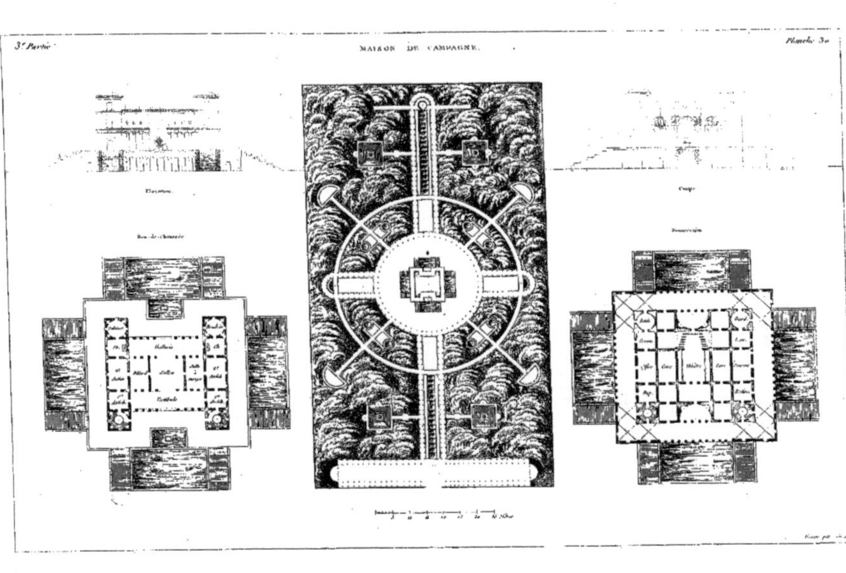

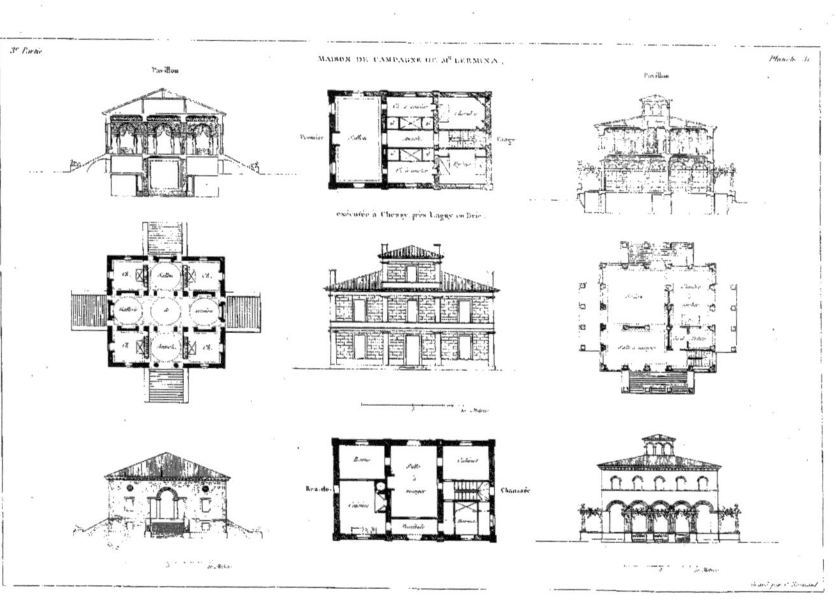
MAISON DE CAMPAGNE DE Mr LERMINA
Pavillon
Pavillon
Premier
exécutée à Chessy, près Lagny en Brie
Rez-de-Chaussée
Chaussée
Pavillon
Planche 31

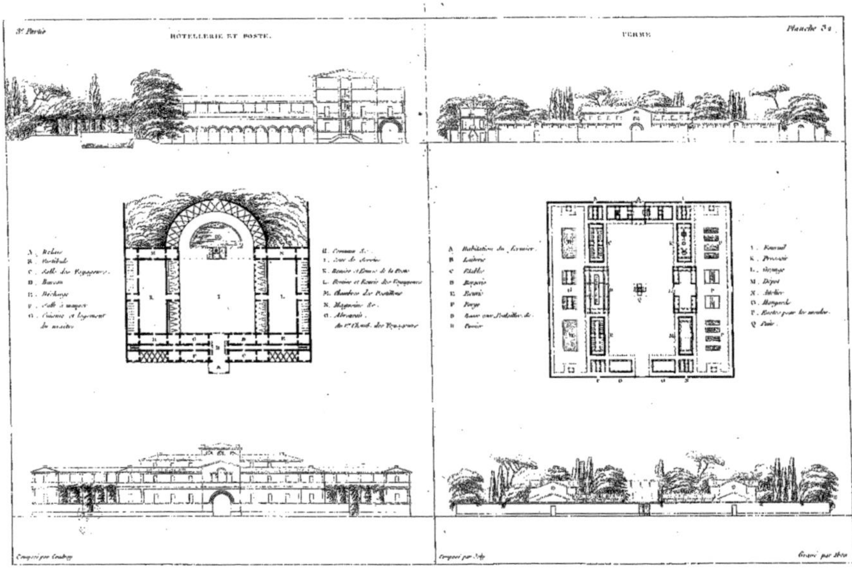

3e Partie
HÔTELLERIE ET POSTE.
FERME
Planche 34
Composé par Coudray
Composé par Jolly
Gravé par Motte